大学入試問題集

関正生の
英作文

自由英作文編

ポラリス ✦ POLARIS

2

関正生 著

JN043905

「ポラリス」とは?

北極星は常にその位置を変えず、1年を通して常に光り輝きます。昔の旅人にとっては、方角を知るための大切な道標（みちしるべ）でした。

英作文の勉強となると、何をどうしていいかわからず、とりあえず書いては添削をしてもらうだけの受験生がたくさんいるはずです。そういった受験生に、この本がどこへ進むべきかを教えてくれる、旅人の道を照らし出してくれる北極星のような存在になればという願いを込めて、「北極星」という意味の「ポラリス（Polaris）」がこの本には名づけられています。

理想ではなく、現実を見るのが指導者の役目

進むべき道を見失っているのは、受験生だけではないようです。英作文の指導となると、専門書にある書き方をそのまま勧めたり、「自由英作文は単なるエッセーではなく、アカデミックライティングだ」「cohesion（文と文とのつながり）が重要だ」といったことが話題になったりします。

しかしそれは大学で学ぶことです。そもそも受験生の限られた英語力と、試験の制限時間を考えれば、大学側がそこまでの答案を要求しているとは思えません。仮に求められていたところで、誰にもできないことは合否に関係ありません。

そこでこの本では、大学に合格するための最短経路、つまり進むべき道を示していきます。受験生に必要なことをムダなく対策していきます。

想定読者

① 国公立大学（旧帝大を除く）・GMARCHレベルの志望者

このレベルの大学合格を目指すための問題を採用しました。一通り、語彙・英文法を終えた後に（過去問演習の前に）取り組むのが理想です。

② 旧帝大・一橋などの難関国立・早慶志望者

このレベルの大学では「①の大学と似たテーマ（つまりこの本で採用したテーマ）」と「ひねった（マイナーな）テーマ」が半々で出題されるので、前者の対策に適しています（もちろんこの本の解答を再現できれば東大を始めどこでも合

格しますが、この本の後に「ひねったテーマ対策」として志望校の過去問をやりこんでください）。

　また、このレベルの大学志望者で、自由英作文には自信があっても、新しいテーマ（新型コロナウイルス関連の話題など）の問題をやっておきたい人にも向いています。

長文より得点力を伸ばしやすい

　自由英作文は確かに難しいです。しかし受験生にとって、１つラッキーなことがあります。それは短期間で一気に合格に近づけるということです。

　長文読解はそういうわけにはいきません。偏差値50の受験生が、国公立・GMARCHレベルの長文を１ヵ月でスラスラ読めるようになることはあり得ません。早くても３ヵ月、普通は半年以上かかるものです。

　ところが、自由英作文に関しては偏差値50程度であっても、きっちりと訓練すれば長文の半分以下の時間で一気に合格レベルの答案が書けるようになることは珍しくありません。効率良く得点力を伸ばせるのが自由英作文なのです。受験生の最後の武器として、時間を割くだけの価値がある分野です。

　この本が世に出るきっかけを与えてくださった株式会社KADOKAWAの皆様に感謝します。特に、細田朋幸部長とは、常に「ポラリス」のコンセプトから、デザインなど細部にいたるまで、さまざまな意見を交換させて頂き、修正を何度も加え、大変なご尽力を頂いております。本当にどうもありがとうございました。

　英語に悩む受験生はたくさんいますが、その中でも途方に暮れてしまいがちなのが英作文です。この本を手にしたみなさんが、「自由英作文で受かった」と言ってくれるほどのものになった自負があります。ぜひ合格をつかみ取ってください。

関　正生

本書の特長

▶ 実際によく出る・今後出そうなテーマ

　たくさんのテーマを扱えば、的中確率は高くなりますが、現実的には受験生が自由英作文に使える時間は限られています。そこでこの本では「実際によく出る・今後出そうなテーマ」を独自の視点で厳選しました。その視点とは「世の動き・時代背景」「実際の入試の傾向」「資格試験の流行」を掛け合わせて考えたものです。

　「資格試験の流行」とは… 大学の先生が出題テーマに迷ったとき、おそらく参考にしているのが英語の資格試験です。とある有名国立大学は一時期、英検1級（2次試験）を元ネタに作っていたようで、当時は僕の予想はほぼ的中していました（しかし受験業界でこれに気づいた人はほとんどいなかったようで、その大学の傾向は何年も続きました）。この大学の例は極端にせよ、他の試験を研究することで大学が出す問題が予想できることは多々あるのです。

▶ まだ出ていないテーマも収録

　英作文の問題は、容赦なく最新テーマが出ます（長文問題と違って、日本語で書いてしまえば簡単に問題を作れるため）。今後絶対にはずせない「アフターコロナ」の話題も出ると予想し、オリジナル問題をいくつか採用しました。解答例の事実関係は、10年経っても色褪せないものにしたつもりですが、一応、執筆時点（2020年8月）の内容となります。

▶ 他のテーマが出ても使える解答例

　本書の解答例は、他のテーマでも流用できるものをいくつも用意しました。出そうなテーマを厳選しているとはいえ、まだ見ぬテーマも当然出るわけですが、どんなテーマであれ、この本で学んだことは必ず役立つはずです。

その他の諸注意

▶ 「指定語数」について

　それぞれの問題には大学からの指定語数があるのが普通です。「○語以内（以上）」の場合は厳密に守るべきですが、「約○語」の場合はハッキリしたことは示されていません。多くの問題集が「前後１割」としていますが、僕の調べた限りは「マイナス１割、プラス２割」でOKだと思います（つまり多い分には減点対象にはならない）。たとえば「約100語」という指定なら、「90語〜120語」に収まれば、まったく問題ないでしょう。

▶ 「語数の目安」について

　本書に採用した問題は実際に出題された形式通りです（数字や漢字の表記にバラつきがあるのは、それぞれの大学の出題通りにしているためです）。語数を指定してくれる大学はわかりやすいのですが、大学によっては「解答用紙で15行程度」といった指示の場合もあります。その場合に限り、本書では「語数の目安」を判断して書き加えました。

▶ 「段落分け」について

　自由英作文の段落分けに関して厳密なルールはありません。300語以上のエッセーであれば段落分けをするのが普通ですが、大学入試の問題は100語くらいが主流で、段落分けは、してもしなくてもかまいません。

　本書では原則、段落分けをせず、１つの段落で書いています。ときどき、100語程度でも段落を分けているものもありますが、段落分けをしたい人への参考用です。解答例で段落分けをしていても、みなさんは１つにまとめてOKですし、逆に１つのものを分けてもOKです。

▶ 「短縮形」について

　英作文は書き言葉ですから、短縮形（they'reなど）は使わない方針としています（意外と知らない人も多いようです）。ただし、受験生が試験で使っても減点対象にはならないでしょうから、どうしても語数調整で使いたい場合は書いてもいいでしょう。

╱ CONTENTS

本文デザイン／浅野悠
DTP組版／株式会社 河源社

CONTENTS

本書の使い方

本書の主な構成とそのポイントをまとめました。
勉強をより有効的かつ効率的にするために参考にしてください。

各LESSONとその概要

この問題に取り組む意義

自由英作文には、世の中の状況や人々の関心が高いテーマが取り上げられます。また、時流に左右されない、普遍的なテーマ（傾向）もあります。ここでは、そういった出題背景をふまえた上で、解答のコツ、テーマに関連した重要単語や表現についてざっとつかむことができます。

戦略を立てよう！

正しい英文を書く以前に、「テーマの捉え方」そのものが、説得力のある解答になるかならないかを左右します。ここでは、自分の意見のまとめ方、賛成・反対の意見の打ち出し方など、問題文の受けとめ方と自分の考えをまとめる段階においての注意点がわかります。

問題文を分析！

キーワードの見つけ方、見落としとしてはいけない英文など、解答に欠かせないポイントがつかめます。

問題文和訳

すべての問題文に、和訳を併記しています。問題文の理解を進めるのに役立ちます。

章扉

頻出テーマやキーワードが一目瞭然

自由英作文は、事前準備で勝負が決まります。各章扉には、問われやすいテーマとその具体的な項目が挙げられているので、ここをざっと見ておくだけでも、ふだんからどんなテーマに関心をよせ、情報収集しておけばいいかがつかめます。

解答例(1)と解答例(2)

「賛成・反対」「いい・悪い」「はい・いいえ」など、1つの問題に対して必ず2パターンの解答例を紹介しています。自由英作文は事前準備が大事だとCHAPTER 0で詳しく書いていますが、良質な模範解答をしっかりインプットしておけば、確実な対策になります。たとえ自分の意見とは正反対であっても、模範解答の書き方のお手本をここでしっかりたたき込みましょう。

解答例詳解

解答例とその和訳、語句をまとめています。言い換え表現、論旨の展開に欠かせない重要フレーズなどを、ここでしっかりおさえることができます。

解答例を図解で説明

「意見提示(賛成か反対か)」「その理由」「具体例」「まとめ」など、説得力のある英文に欠かせない論旨の展開方法、その構成要素が一目でわかります。

キラーセンテンス(赤字)

そのテーマの中で意見として重要なものです。「ネタ」の収集にも利用できます。赤フィルムで隠すと消えるので、暗唱学習にも最適です。

便利フレーズ(黒太字)

自由英作文で何かと使い回せる表現です。

CHAPTER

0

―

自由英作文は
「事前準備」で
勝負が決まる！

自由英作文は「芸人のフリートーク」

　多くの受験生が、自由英作文は「出たとこ勝負」であって、「本番で出るテーマによって試験の出来が左右される」と思っているようです。

　しかし自由英作文は「事前の準備（仕込み）で勝負が決まる！」というのが本書での考えです。ボクは「自由英作文って、芸人のフリートークに似ている」と思っています。TVのバラエティ番組で、一見即興で話を考えたアドリブの応酬に見える芸人たちのトークは、その多くが（場合によってはほぼ全部が）事前に用意されて考え抜かれたネタであったり、どこかで何度か話したことがあるものを、その場に合わせて「引き出している」そうです（実際、「あ、この話は他の番組でも言ってたな」ということがありますよね）。

　もちろんだからといって、それによって彼らの評価が下がるというものではありません。普段からネタ・話の内容を磨き上げ、そのとっておきのネタを、トークテーマに合わせて瞬時に引き出しているのは、まさにプロにしかできないことでしょう。

　ただ、ここで大事なことは「事前の準備で勝負が決まる」ということであり、それは自由英作文も同じなんです。初めて見たテーマであっても、それに合わせて用意したネタをきっちり引き出し、場合によってはネタを組み合わせて提示することで、合格点をもぎ取るわけです。

　ですから、その準備とは「自由英作文を書き、とりあえず添削する」という場当たり的な対策ではありません。しっかりとした戦略が必要であり、ボクが考えるものとして以下の4点が挙げられます。

---

1 「普段の取り組み方」に対する意識改革

2 使い回しが効く「便利フレーズ」の習得

3 頻出ネタ・今後出るネタを含む「キラーセンテンス」の習得

4 「英文の型」を理解しておく

　では、これからこの4つのポイントを具体的に説明していきます。入試問題に入る前に、少しお付き合いください。

①「模範解答」への意識改革

　自由英作文の模範解答って、つい「流してしまう」ことがありませんか。サッと目を通すだけで、「結局こんなの書けないし」と思ってしまいますよね。そして、模範解答を流して、「自分が書いた答案の価値」ばかりを知りたがってしまうのが大半の受験生なのです。

　しかし、良質なインプットなしで受験生が書いた答案には「芯がない」のです。まずは優れた解答例という「お手本」から学ぶのが一番効率が良く、将来、優れた答案を作る上での大事な基礎となるのです。
「こんなの書けない」と言うのではなく、「それを書けるようにする」のが自由英作文の「対策」なんです。

　その最も効果的な方法として、「模範解答はインプットするもの」という意識を持ってください。つまり、模範解答は読み流す・参考にするものではなく、「習得すべきもの」なんです。そのお手本を身につけるために、本書では解答例の英文にきちんと解説とコメントをつけていきます。

＼ 模範解答について ／

高度な内容を詰め込めば立派な模範解答になりますが、そんなものは受験生には書けませんよね。そこで本書ではカッコつけずに「受験生が頑張れば書ける内容」や「(ちょっと難しい表現でも)さまざまなテーマで役立つので書けるようになってほしい内容」で構成しています。中には「こんな簡単なことでいいの?」と驚くこともあるかもしれませんが、「これで受かる」というボクの自信・確信は、もちろん自分のやってきたことに加えて、模範解答作成者のKarl先生への信頼があります。
Karl先生の実力・センス・実績はボクの知る最高のネイティブであり(最高の中の1人、ではなく完全に1位)、さらにはこの7年間、ボクの事務所で顔を合わせて仕事することを通して、日本の大学入試の問題を熟知しています(「この単語は早稲田の理工学部で出てましたが」なんてことを日本語で伝えてくるのは日常茶飯事です)。さらにご本人自身が、大学入試以外の試験(英検など)を実際に受験して、ライティング・スピーキング試験の分析を行っています。そういった経験を踏まえての解答例を、ここに満を持してお届けしたいと思います。

今までは…	→	これからは…
模範解答は参考程度 ✕		模範解答は「インプット」すべきもの ◯

②「添削」に対しての意識改革

　英作文の対策には「添削をしてもらわないとダメ」だと考える受験生が多いです。いや、英語教師の方がそう信じて疑わないのが、そもそもの原因かもしれません。しかしボクは必ずしも添削が必要だとは思いません。

☑ 添削の前に「良質なインプット」を!

　自由英作文はあくまで「英語の試験」なので、「ミスのない英文を書く」ことは答案を読んでもらう際の最低限のマナーなのです。どんなに良いアイディアを書いたところで、文法面でミスがあればどんどん減点されてしまいます。

　「でもミスは出ちゃうんだ」というのが受験生の本音でしょう。まずはその発想を180度変えてください。つまり、「ミスが出るかもしれないような英文は絶対に書かない」ということです。言いたいことがあっても、その言い方に絶対の自信がない場合(しっかり自分の頭の中に英語のストックとして蓄えられてない場合)は、別の言い方をして確実な表現だけを使うようにしてください。

🖊 ここで「3単現のsを忘れるようなケアレスミスは防げない」という受験生は、甘えすぎです。それは「ケアレス」ではなく「実力レス」か「対策レス」です。それぞれそういったミスがなくなるほどしっかり練習するか、見直しのときに、自分がよくやるミスを集中して探す習慣をつけることで対応できますよ。

　ここでポイントとなるのは、「やさしい日本語に言い換える」と「自由英作文でよく使う表現をストックしておく」という2つです。1つ目の「言い換え」は普通の英作文(和文英訳)でも活躍する発想です。本書の姉妹編『英作文ポラリス[1 和文英訳編]』で詳しく解説していますが、この本の中でも適宜使っていきますので、そこでコツをつかんでください。

　2つ目の「よく使う表現」は、まさにこの本で習得していく「便利フレーズ」と「キラーセンテンス」のことです。やはり自由英作文は良質なインプットが大事ということなのです。

☑ 添削は場当たり的な対応にしかならない

　添削というのは「答案ありき」で行うものです。つまりその答案を良くするための修正はなされますが、「根本」(たとえるなら「骨組み・土台・下書き・デッサン」)から変更されることはないでしょう。

したがって、自分なりの構成ばかりを使って添削を受けているうちに、変な（独自の）クセがついてしまいます。「theをつけるのが苦手」とか「いつも時制を間違える」とかいったミスの傾向には気づくかもしれませんが、根本から英語らしい表現・英文構成の習得につながるとは限らないのです。

また、この本では「生徒の答案」を再現して添削することはしません。人の間違った英語というのは、意外と目に焼きつき、頭にこびりつくものだからです。

✐ 多くの受験生がミスして、かつそれを知っておくと今後のためになると判断したときだけは、「よくあるミス」として示し、きちんと解説することで英語の実力を伸ばすよう配慮します。

そもそも添削例は、生徒が書いた日本人発想の英文の「微修正」にすぎないのです。そこに時間を使うほど、「日本人発想の英語」が固まっていってしまうのです。

この本が目指すのは、「そもそも根本から英語らしい表現の習得と、それを書けるようにすること」です。

✐ だからこそ先ほど説明した通り、Karl先生に解答例を作ってもらっているわけです。

以上、かつてここまで添削不要論を唱えた著者はいなかったと思います。でも「英作文は添削してもらうのが良い」などと安易に言うだけでは無責任だとボクは思います。そして何より、もし「英文を書く → 模範解答と比べる → 模範解答との優劣がわからない → 添削してもらう → 赤が入ったところを確認する」という作業だけで英作文ができるようになるなら、学校で添削してもらえる人はみんなできるようになっているはずです。

しかし現実にはそうではありません。ならば従来のやり方に大きな間違いがあるのではないかと考え抜いて、そしてその考えをこういう書籍という形でみなさんの元に届けることにしました。「添削よりも大事なものがある」というボクの考えが、よりわかりやすく、伝えられると思っています。場当たり的な勉強ではなく、英作文の確固たる指針が定まり、英作文の力が安定して伸びていくはずです。

今までは…
添削してもらわないと不安 ✕ → **これからは…**
添削はマストじゃない！ ◯

③「復習のやり方」に対する意識改革

　なぜか自由英作文は一度書いたらおしまい、という受験生が多いのですが、しっかり解説を読んだ直後に、もう一度トライしてみてください。

… たぶん書けません。たった今模範解答を読んだばかりなのに。でもそれが普通なんです。まずはその事実を知ることが大事なんです。それさえわかれば復習の重要性は言うまでもありません。しっかり読み込んで、「答案を再現できるようになる」までが復習だとわかり、勉強のゴールがハッキリしますし、そこまでやれば当然、結果が出ます。

✎ 100のテーマで自由英作文をそれぞれ1回ずつ書くよりも、本書の26個のテーマを確実にモノにした方が上達します。何度も何度も書いてみてください。

\ 復習の目安 /

理想：答案を完全再現（各LESSONごとに2つある解答例のうち好きな方1つで十分です）
オススメ：この本の良いとこ取りをするなら、「便利フレーズ」と「キラーセンテンス」を習得する（キラーセンテンスは赤字になっているもので、そこだけは使える・書けるようにする）。

今までは… 一度書いたらおしまい（軽く復習する程度） ✕	→	これからは… 本気で2、3度書き直してみる！ ○

2 使い回しが効く「便利フレーズ」の習得

　この本の解答例を読み込む中で、気に入ったフレーズはチェックして、次は自分で使えるように意識してください。そういったフレーズを使えば、当然英語のミスがなくなりますし、書くスピードも上がります。

　フレーズの選択は、自分の好き嫌いで判断してOKですが、「実はこの表現、便利なんですよ」というものは、「解答例詳解」の中で太字（黒）にしてあります。そこを意識してみてください。

3 頻出ネタ・今後出るネタを含む「キラーセンテンス」の習得

　自由英作文のテーマには、日本語だって答えるのが難しいものがたくさんあります。日本語でもたいしたことを言えないのに、英語になると言えるなんて絶対にあり得ないのですが、なぜか受験生はそこから目をそらしがちで、何か特別な

方法を期待してしまうことがあります。

　理想を言うなら、新聞を読み、ニュースを見て、本を読むことですが、受験生にそんな時間はありませんし、どれが入試に出るテーマなのか判別することはできないので、入試対策としてはあまりにも非効率的です。

　本書では「最新テーマ」「注目テーマ」「定番テーマ」という３つの観点からテーマを厳選して採用しました。ネタに関しては本書の解答例から得るのが一番効率がいいわけです。特に「この内容は覚えておこう」というものは解答例の中で太字（赤）にしてあります。

４ 「英文の型」を理解しておく

①シンプルな型でOK

　入試の自由英作文は100語のものが主流ですが、いきなりノープランで書き始めるのは無謀ですよね。そこで大事なのが「自由英作文の型（テンプレート）」を持っておくことです。「型」があるかないかで書きやすさがまるで変わってきます。

　型には世間で広まっているものがいくつかあるのですが、それに対するボクの意見には後ほど触れるとして、まずは本書で頻繁に使うシンプルな型を紹介しておきます。

「理由2つ」の6文パターン

【意見提示】	まずは「賛成・反対」などの意見をハッキリと
【理由① ＋α】	自分の意見に対する理由・具体例など、さらにその補足
【理由② ＋α】	2つ目の理由・具体例など、さらにその補足
【結論】	最初の意見提示と同じことを書く（表現は変えたい）

　本書では、大半の解答例でこの型を使っていきます。１つの型を中心に据えて集中的に学ぶことで、確実に身につけることができます。

②「理由・具体例」の数について

　大学入試では「理由・具体例」は複数挙げることが有効です。

　もちろん１つだけ挙げて、それを深めていくこともアリですが、さまざまな入試問題と英語の資格試験を分析したボクの結論は、「複数（２つが基本で、たまに３つでもOK）」です。

　その根拠としては、英検（１級）のライティング試験・スピーキング試験では

具体例を2〜3挙げるのが定石といったことがあります。このパターンを使って合格していく人をたくさん見ているので、大学入試の問題でも同じ判断でOKだろうというものです。

　また、入試での指定語数（100語程度のものが主流）を考えると、理由・具体例を複数書くと、どうしても1つずつは内容の薄いものになってしまいますが、「所詮は英語の試験」なので、小論文のような深みは求められておらず、「浅くても複数の視点から論じることができる答案」が評価されるようです。

✎ とはいえ、早稲田大学の設問で"at least one reason"と書かれたことがあるので、「理由は1つでもOK」という証明にはなりますから、どうしても1つしか浮かばないときは、それを深めていくのもアリです。

③各項目での「よくある勘違い」

【意見提示】

　小中学校の作文のように、「エピソードなどから入ってだんだん盛り上げて、最後にクライマックスを迎える」なんて思ってはいけません！　まずは「賛成・反対」「どう思うのか」をズバッと書いてください。

【結論】

　妙にカッコをつけたり、余韻を残そうとして、ここで+αをするのは避けてください！　確かにそれが上手にできれば素晴らしいのですが、それはプロの書き手がすることです。受験生が限られた時間でやるのは不可能なので、間違いなく、後味が悪くなったり、主張がボケてしまって、自滅してしまいます。特に、学力が高い受験生ほどやってしまうのが以下のものです。

（△）**最後に疑問文を置く**　例：「賢く判断していく時期なのではないでしょうか？」

（△）**最後に反対意見を含める**　例：「いろいろな意見があるのは否めないです」

　自由英作文での「結論」は、「意見再提示」と考えてください。「最後にもう1度、自分の意見を明示するところ」で、それをすることで英文が引き締まります。

④「譲歩」は入れるべきか？

「譲歩の有無」についてはまったく触れない対策本が多いです。指導者側に明確な意見が浸透していないからです。ということはどっちでもいい（それで合格している人がたくさんいる）とも解釈できますが、この本の考えを示すと…

「入試の自由英作文において、譲歩はなくてOKです。ただし、入れられるならあった方がいい」

　基本「ナシ」というのがボクの考えです。「不要だ」という本は多いのですが、その理由は「指定語数が少ないから」というものです。それも確かにあるでしょう。

　もう1つボクが考える独自の理由は、「入試の自由英作文」≒「スピーチの試験」だと考えるからです。

　有名なスピーチの試験として「英検1級のスピーキング試験」があります。この試験では、2分で述べる自分の意見には基本「譲歩ナシ」でOKです。というのも、その後にQAのやりとりがあるのでそこで反論すればいいのです。

　つまり「そういった試験でのスピーチ段階の内容を問うのが大学入試の自由英作文」だとボクは解釈しています。指定語数（100語が主流）を考えれば、その解釈がベストかと考えています。

⑤どんなパターンでも「型」に当てはめてみる

　入試の自由英作文には、「賛成・反対」式の問題以外にもいろいろなパターンがありますが、どんなテーマであっても、すべて「型」に当てはめるようにしてください。たとえば「大学に入ったらやりたいこと」のような型にはまりにくそうに見えるテーマであっても、型にはめて「意見提示→理由2つ」という形式で書けるのです。

✎　もちろん「問題の条件」に従うのは当然なので、たとえば「理由を1つ述べる」とか、「語数が少ないとき（50語程度）」であれば、型をアレンジすればOKです（具体的には、それぞれの問題で触れます）。

⑥「型を持つ」ことのメリット

[1] 本番でもスムーズに構成を考えることができ、時間短縮になる

　試験本番での安心感・落ち着きがまるで違います。また、短時間で解答できるので、浮いた時間を長文読解に回せます。

[2] 滅茶苦茶な構成になってしまうことを防げる

　最近は「文と文のつながり」を強調する指導法も散見されます。しかし受験生が限られた時間と難しいテーマの中で、文と文のつながりにまで注意を払って英文を書くなど、現実的ではありません。

　もちろんあまりに支離滅裂なつながりは許されませんが、大学入試合格を目指す

くらいなら、「型をきちんと守っていれば、多少文のつながりが弱かったりズレたりしても、それなりにまとまりを感じさせることができる」のです。文のつながりが弱くても、型でフォローするイメージです。型に合わせて書くことで変な方向へ暴走したり、1つのことをいつまでも書いて堂々巡りになったり、なんてことを防げるわけです。

\ 参考 /

世間でよく紹介される「3段落構成」について

自由英作文の対策で一番有名な型は以下のものでしょう。

序論 (Introduction)	※話題導入と主張
本論 (Body)	※理由・例・具体的な説明
結論 (Conclusion)	※文章の締め

先ほど紹介した、本書で使う型は、この「3段落構成」の本論に理由を2つ入れるだけですから、本質的には同じですが、本書ではこの発想・用語は使いません。理由としては「用語が誤解されやすい」からです。専門書には「本論にはsupporting sentencesを入れる」と書いてあるので、その用語をそのまま使って「サポートセンテンス（サポーティングセンテンスィーズ）」と説明する本が多いのですが、受験生が「サポート」→「補助」→「あまり大事でない」と連想してしまうことがかなり多いです。実際には、この部分がみなさんの意見・個性なので、それを「サポート」と言ってしまうと勘違いが起きるのではないでしょうか。英語のsupportには「主張を裏付ける・自分の考えが正しいと示す」といった強い意味があり、「サポート」から受ける補助的な印象とは異なるのです。

CHAPTER
1
—

最新テーマ［1］
新たなライフスタイル

▶ 攻略のコツ

大学入試の自由英作文は「受験生に考えてほしい賛否両論あるテーマ」がよく出ます。その中でも特に「学校」に関すること、かつ最新のテーマをここで扱い、対策していきます。今まで問題集で見たことのないテーマでありながら、今後の大学入試で要注意なものばかりです。

▶ CONTENTS

☐ オンライン授業
☐ 9月入学制度
☐ 在宅勤務・リモートワーク

解説—— オンライン授業

✦ この問題に取り組む意義

　以前より話題になりつつあった「オンライン授業」は、2020年に感染が拡大した新型コロナウイルスの影響で、避けられない話題となりました。学校の授業というものを根本から見直す局面を迎えているだけに、今後、入試の最頻出テーマになるでしょう。

　しかしいざ書こうとしてみると、身近な話題でありながら、学校関係の単語を「書けない」受験生はかなり多いと思います。たとえばlaboratory「実験室」、facility「（通例 facilities で）施設」、equipment「設備」などです（しかも equipment は完全な不可算名詞で、その知識が難関大の文法問題でよく問われます）。意見だけでなく、こういった語彙を学ぶこともできる問題です。

🔍 問題文を分析！

次のテーマで100～150語程度のエッセーを英語で書きなさい。

最初は「背景説明」

Online education is becoming a popular choice for many students nowadays. Which do you think is better, to learn in a classroom or to learn at home over the internet? Give reasons for your opinion.

ここがこの問題文のメイン！

「理由」は複数

[問題文和訳]

　オンライン教育は、今では多くの学生に広まりつつある選択肢となっている。

教室での学習とインターネットを使った家庭学習、あなたはどちらが良いと思うか。その意見に対する理由も述べよ。

📈 戦略を立てよう！

①視野の広い答案を目指す

　多くの人がオンライン授業を体験したことがあるだけに書きたいことがすぐ浮かぶかもしれない反面、「同じ視点・同じ分野」のことばかりを書きがちです。賛成でも反対でも、視点・分野を変えると（わかりやすい例は解答例(2)を参照）、「視野の広い」答案に仕上がります。

　また、誰もが書きたいけど書きにくい「コロナなどパンデミックのときのオンライン授業のメリット」は解答例(1)に載せたので参考にしてください。

②高校の授業以外でもOK

「オンライン授業」というだけなので、高校の授業に縛られる必要はありません。小学校でも大学でもいいのです。入試の自由英作文では「大学の話」も頻出なので、今後「大学でのオンライン化」を見据えて、解答例(2)ではuniversityを使って論じました（しかし内容自体は小中高すべてに流用できる答案です）。

解答例（1）　オンライン授業の方が良い

まず「意見提示」

I think it is better to learn at home over the Internet than to

learn in a classroom.　理由①

具体化

First, learning at home gives students more choices. For example,

1つ目の理由の目印

students can take lessons from excellent teachers who are

far away. This is especially beneficial for students who live in

理由①を補強

remote areas. In addition, students can choose courses on

subjects that are not offered at most high schools, such as

advanced math classes or foreign language classes other than

English.　理由②

Second, online classes are less likely to be disrupted if there is

2つ目の理由の目印

an emergency. In the new coronavirus pandemic in 2020,

緊急事態の具体化

schools were closed and classes were canceled. Students

予想される反論の先取り

were given assignments to do, but it was not the same as

going to class. If classes are taught online, they will not have

to be cancelled.

まとめに入る目印

For these reasons, learning at home over the Internet is better

than learning in a classroom.　(150 words)

解答例詳解

> I think it is better to learn at home over the Internet than to learn in a classroom.
>
> 私は、教室で学習するより、インターネットを使って家で学習する方が良いと思う。

問題文Which do you think is better, to learn in a classroom or to learn at home over the internet? にそのまんま回答する形の英文ですね。意見提示では設問に素直に答える形の英文がベストです。英文にミスがなくなりますし、わかりやすく意見を提示することができます。

 □over the Internet「インターネットで」(Iは大文字でも小文字でもOK)

> First, learning at home gives students more choices. For example, students can take lessons from excellent teachers who are far away.
>
> まず、家で学習することで、学生はより多くの選択肢を得られる。たとえば、学生は遠くにいる優秀な先生の授業を受けることができる。

Firstで1つ目の理由を述べています。「選択肢がより多い」とまずは漠然としたことを言って、次の文でFor exampleを使って具体化していきます。

> **This is especially beneficial for** students who live in remote areas.
>
> このことは、地方(遠く離れた土地)に住んでいる学生にとって特に有益だ。

さらに具体的に「遠くに住む生徒」に焦点を当てていますが、こういった場合、This is especially beneficial for 〜「〜にとって特に有益だ」という形はすごく便利です。

 □especially「特に」　　□beneficial「有益な」
□remote area「地方・遠く離れた土地」

> In addition, students can choose courses on subjects that are not offered at most high schools, **such as** advanced math classes or foreign language classes other than English.
>
> 加えて、学生はほとんどの高校では提供されていない科目の授業を選ぶことができる。たとえば、より高いレベルの数学の授業や、英語以外の外国語の授業などだ。

In additionで前の内容を補強します。can choose coursesが先ほどのmore choicesの1つで

もあります。また、この英文の内容は国立大で頻出の「教育論」にも使える内容なので、しっかり書けるようにしておきましょう。

語句 □In addition「加えて」　□course on 科目「科目の授業」
□offer「提供する」　□such as 〜「〜のような」　□advanced「上級の」
□other than 〜「〜以外の」

Second, online classes are less likely to be disrupted **if there is an emergency. In the new coronavirus pandemic in 2020**, schools were closed and classes were canceled.

第2に、オンラインの授業は緊急事態が起こっても混乱が生じにくい。2020年における新型コロナウイルスの世界的流行では、学校は閉鎖し、授業は中止になってしまった。

Secondで2つ目の理由に入ります。emergency → the new coronavirus pandemic in 2020の流れは、これからの大学入試では重宝するはずです（しかしほとんどの受験生が対策できていないと思います）。

語句 □be less likely to 原形「〜しにくい」　□disrupt「混乱させる」
□emergency「緊急事態」　□new coronavirus「新型コロナウイルス」
□pandemic「（病気の）世界的流行」　□cancel「中止する」

Students were given assignments to do, but it was not the same as going to class.

学生にはこなすべき課題が出されたが、授業に行くのとは同じではなかった。

ここの構成は少し高度なんですが、「宿題があったから勉強は大丈夫じゃん」という反論を先取りして、「確かに宿題はあったものの、それは授業の代わりにはならなかった」と言っているわけです。

語句 □assignment「課題」　□the same as 〜「〜と同じ」

If classes are taught online, they will not have to be cancelled.

もし授業がオンラインで教えられれば、中止する必要はない。

「オンライン授業なら、中止にならない（パンデミックが起きても受講できる）」とまとめています。onlineは形容詞は有名ですが、特に今回のような副詞の用法は重宝します。

語句 □online「オンラインで」

For these reasons, learning at home over the Internet is better than learning in a classroom.

こうした理由から、インターネットを使って家で学習する方が教室で学習するより良い。

For these reasonsでまとめに入ります。この解答例(1)では、1文目のto learnをlearningに変えるという些細なバリエーションに留めておきます(あまり手を広げてミスしてもいけないので。かなり英文に凝ったパターンは解答例(2)で扱います)。

ちなみにコロナ関連の内容を入れたかったので、それだけで語数が150語までいってしまったのですが、以下のような「通学時間がかからない」という内容も便利なので、参考に見ておいてください。

Learning at home is more convenient and saves time. Many students who learn in a classroom travel an hour or more to get to their school, but studying at home requires no travel time at all.

家庭での学習はより便利で、時間の節約になる。教室で学習している多くの学生は1時間以上かけて通学しているが、家庭学習なら移動時間は一切必要ない。

語句 □convenient「便利な」 □save「節約する」 □travel「移動する・移動」 □get to ～「～に着く」 □require「必要とする」

解答例(2)　教室での授業の方が良い

まず「意見提示」

I think it is better to learn in a classroom than to learn at

理由が「2つ」と示す

home over the Internet. I have two reasons for my opinion.

理由①

First, when students learn in a university classroom, they are

1つ目の理由の目印

not only learning from the teacher. They are learning from

their classmates as well, through discussions and group

activities. This is an important kind of interaction that

students in online courses are not able to experience.

理由②

Next, universities have a variety of facilities, equipment and

2つ目の理由の目印

resources for learning that students do not have in their own

具体例を示す

homes. Some examples of these include libraries, computers

and laboratories for conducting scientific experiments. It would

be impossible, for example, to do chemistry experiments in an

online course.

In summary, I think that students can have a better learning

まとめに入る目印

experience by going to a classroom than learning online.

(139 words)

解答例詳解

I think it is better to learn in a classroom than to learn at home over the Internet. **I have two reasons for my opinion**.

私は、教室での学習の方がインターネットを使った家庭学習より良いと思う。それには2つの理由がある。

意見提示で設問文を利用しているのは解答例（1）と同じですが、その後に「理由を2つ述べますよ」という文をつけてみました。

First, when students learn in a university classroom, they are not only learning from the teacher. They are learning from their classmates as well, through discussions and group activities.

まず、大学の教室で学習する際、学生は教師からのみ学んでいるわけではない。彼らはまた、ディスカッションやグループアクティビティを通してクラスメートからも学んでいるのだ。

1つ目の理由です。最初の文でnot only、次の文でas wellを使っています（not only A but also Bのバリエーションです）。2文目の内容は教育論でも重宝する表現（小学校の教育にだって使える表現）です。

語句 □as well「（文末で）その上」　□through ～「～を通じて」　□discussion「議論」
□activity「活動」

This is an important kind of interaction that students in online courses are not able to experience.

これは、オンライン授業の受講者には経験できない、重要な交流だ。

先ほどの英文で内容は伝わりますが、ダメ押しの内容として、この文も書けるとより良い答案になります。特にinteraction「交流」など、最近のテーマでは便利な表現です。

語句 □interaction「交流」　□experience「経験する」

Next, universities **have a variety of facilities, equipment and resources for learning** that students do not have in their own homes.

次に、大学には学生自身の家にはない、学習のためのさまざまな施設、設備、資料がある。

Nextで2つ目の理由に入ります。1つ目の理由で「人」について触れたので、今度は別の面「もの

（設備など）」から論じています。受験生の答案を見ると、「人」のことを書くとずっとそれを引っ張ってしまいがちなので、このように分野を変えて「視野の広さ」をアピールしたいところです。

語句 □a variety of ～「さまざまな～」　　□facility「（通例facilitiesで）施設」
□equipment「装備」　※不可算名詞　　□resource「資源・資料」
□one's own「人自身の」

Some examples of these include libraries, computers and laboratories for conducting scientific experiments. It would be impossible, for example, to do chemistry experiments in an online course.

その例として、図書館、コンピューター、科学実験を行うための研究室などがある。たとえば、オンライン講座で化学実験を行うことは不可能だろう。

ほとんどの受験生はincludeを「含む」とだけ覚えておしまいですが、この単語は、S include O.「SにはOがある」という言い回しで使うときに便利です（長文でもよく出てきます）。

語句 □include～「～を含む」　　□laboratory「実験室・研究室」　　□conduct「行う」
□scientific「科学的な」　　□experiment「実験」　　□impossible「不可能な」
□chemistry「化学」

In summary, I think that students can have a better learning experience by going to a classroom than learning online.

まとめると、オンラインで学ぶよりも教室に通った方が、学生はより良い学習経験を得られると思う。

In summary「まとめると」で、総括に入ります。意見提示のとき（it is better to ～）とは違った構文（students can have a better learning experience ～）でバリエーションを出しています。

語句 □in summary「まとめると」　　□experience「経験」　　□online「オンラインで」

以上、「戦略」にも書いた通り、ここでは大学での学びを想定した答案にしましたが、内容自体は小中高の場合にも流用できます。「特に大学での話」を書きたい場合は「授業料」についての以下の英文（オンライン授業賛成派）を参考にしてください。

Studying online is usually cheaper than studying in a traditional classroom. In recent years, university tuition has become expensive, but there are many inexpensive online courses. Therefore, many people who cannot afford a traditional university education will be able to learn the same thing online instead.

オンライン学習は通常、従来の教室での学習よりも費用が安い。近年、大学の授業料は高くなっているが、オンライン講座なら手頃な値段のものが多く存在する。そのため、金銭的な理由から従来の大学教育を受けられない多くの人が、代わりにネット上で同じ内容を学ぶことができるだろう。

語句　□cheap「安い」　　□traditional「従来の・伝統的な」　　□recent「最近の」
□tuition「授業料」　　□expensive「高価な」　　□inexpensive「割安の」
□therefore「したがって」　　□afford「買う余裕がある」　　□education「教育」
□instead「代わりに」

✦　この問題に取り組む意義

「9月入学制度」の議論はこれまでにもありましたが、コロナウイルスの影響による休校を受け、さらに議論されるようになりました。加えて、「賛否両論・教育関係・大学側も直接関係する」という、自由英作文で出るテーマの条件をいくつも満たしているので、今後の注目テーマであることは間違いないでしょう。

🔍 問題文を分析！

> この表現を利用
>
> 入学・進学の時期を4月から9月に移行する(changing the start of the school year from April to September)制度である「9月入
>
> ここがメインの問題文！
>
> 学」に対して、賛成か、反対か、あなたの立場を明らかにし、その理由と
>
> 理由も忘れずに
>
> 共に100語程度の英語で書きなさい。
>
> 「程度」なので90〜120語

📈 戦略を立てよう！

① 身近なもの・気軽なものでOK

　2つ書くべき理由のうち、1つくらいは（無理に難しいことを書かなくても）些細なことでOKです。解答例ではそれぞれ1つずつ気軽な理由を入れています（桜の季節に入学するのが良い・入学試験は風邪にかかりにくい夏に行った方が良い）。

② 自分で限定・設定してOK

　幼稚園〜大学まであるので、そのすべてを論じてもいいのですが、たとえば「高校」や「大学」に絞って話を進めるのもアリです。解答例(1)では「大学の入学時

期を変えるだけで、他全体にも混乱を起こす」という内容を書くために、「大学」に話を絞って進めています。このようなことをしてもいいというお手本として参考にしてみてください。

✏️ もちろん自分で設定するときには、問題文の条件に反しないように注意してください。

「9月入学」は大学入試で「これから出るテーマ」なのでオリジナルの出題です!

解答例(1)　9月入学制度に反対

まず「意見提示」

I do not support changing the start of the university school

year from April to September. **First of all, I think students**

1つ目の理由の目印

would greatly prefer to start the school year in the spring,

when the cherry blossoms are blooming. On the other hand,

4月と9月を「対比」

September is in the middle of typhoon season, which is not an

inspiring time to start something new.

理由②

In addition, changing the start of the university school year

2つ目の理由の目印

would affect high schools, junior high schools, elementary

schools, and companies. **Without having a comprehensive**

plan for dealing with these other schools and companies, I

these＋名詞 でまとめ

feel that making such a change would cause too many

such＋名詞 でまとめ

unexpected problems for students.　　　　　(110 words)

理由①

解答例詳解

I do not support changing the start of the university school year from April to September.

私は大学の開始時期を4月から9月に変更することに賛成しない。

まずI do not support -ing「私は〜することを支持しない」で、自分の立場を示しています（この supportの使い方は便利ですよ）。今回はthe university school yearと書いて「大学」に話を限定しています。

語句　□support「支持する」　　□school year「（学校の）年度」

First of all, I think students would greatly prefer to start the school year in the spring, when the **cherry blossoms are blooming**.

まず第一に、学生は桜が咲く春に学校が始まることを大いに希望するだろうと私は思う。

First of allで1つ目の理由を述べています。in the springを関係副詞when 〜 で補足説明している点をチェックしてください（関係詞の非制限用法）。もしコンマなしの制限用法だと「桜が咲く春」と「桜が咲かない春」が存在する印象を与えるため、非制限用法が適切です（英作文ではミスが多いところです。コンマ1つで意味が変わるので注意してください）。

ちなみに、cherry blossoms「桜」は日本紹介でも重宝する表現です（複数形で使うのが一般的です）。

語句　□first of all「まず第一に」　　□greatly「大いに」
　　　□prefer to 原形「〜する方を好む」　　□cherry blossoms「桜」　　□bloom「咲く」

On the other hand, September is in the middle of typhoon season, which is not an inspiring time to start something new.

その一方、9月は台風シーズンの真っただ中であり、何か新しいことを始めようと思える季節ではない。

On the other handを使って、4月と9月を対比させています。「4月はOK（桜が咲く）」⇔「9月はNG（台風シーズン）」と季節の特徴という観点から、4月の方が適切と主張しているわけです（typhoon「台風」は災害の話題で出るので、つづりもしっかりチェックを）。これくらいの気軽な理由を書いても問題ないのです。ちなみに、今回も非制限用法（関係代名詞which）で使っています。

語句　□on the other hand「その一方で」　　□in the middle of 〜「〜の真っただ中で」
　　　□typhoon「台風」　　□inspiring「鼓舞する・元気づける」

In addition, changing the start of the university school year would affect high schools, junior high schools, elementary schools, and companies.

さらに、大学の開始時期を変更すると、高校や中学校、小学校、そして会社に影響が出るだろう。

In additionで2つ目の理由を述べています。1つ目は「気分・気持ち」の面からアプローチしましたが、ここでは「実際に問題が生じる」と社会的な面から論じています。

また、affectは動詞「影響を与える」で、名詞effect「結果・効果・影響」としっかり区別してください。

 □in addition「加えて」　□affect「影響を与える」

Without having a comprehensive plan for dealing with these other schools and companies, I feel that making such a change would **cause too many unexpected problems for** students.

こういった他の学校や会社に対応するための包括的な計画がなければ、そのような変更は、学生にとってあまりにも多くの予期せぬ問題を引き起こすだろう。

「他に影響を与える」という内容を補強しています。"this[these]＋ 名詞 "や"such＋ 名詞 "には前の内容を「まとめる」働きがあり、今回は先ほどの「高校・中学校・小学校」をthese other schools、そして「学校の開始時期を4月から9月に変更すること」をsuch a changeと表しているわけです。これは読解でも役立つ考え方です。

 □comprehensive「包括的な」　□deal with ～「～に対処する」
□make a change「変更する」　□cause「引き起こす」
□unexpected「予期しない」

解答例(2)　9月入学制度に賛成

まず「意見提示」

I support changing the start of the school year from April to September.

1つ目の理由の目印

理由①

To start with, most countries in the northern hemisphere start the school year in September, so Japan's school year would be the same. **This would make it easier for Japanese students to study abroad and for students from other countries to come to Japan.**

2つ目の理由の目印

理由②

Furthermore, starting the school year in September means entrance exams would be sometime in the summer instead of in the winter. Cold winter weather sometimes causes students to get sick, or can cause problems for students to get to test centers. Having entrance exams in the summer would eliminate these problems.

these＋名詞 でまとめ

(108 words)

解答例詳解

I support changing the start of the school year from April to September.

私は学校の開始時期を4月から9月に変更することに賛成だ。

解答例(1)と同じように、I support -ing「私は～することを支持する」で、自分の立場を示しています。今回はthe school yearと書いて広く議論を展開しています。

To start with, most countries in the northern hemisphere start the school year in September, so Japan's school year would be the same.

まず第一に、北半球にある大半の国は9月に学校が始まるので、日本の年度もそれと同じになる。

To start withで、1つ目の理由を述べています。「海外の大学に合わせる」という理由は、9月入学の議論では必ずと言っていいほど出てくる主張なので、これを使いたい人は、この英文をそのままマスターしておきましょう。

 □to start with「まず第一に」　　□northern hemisphere「北半球」

This would make it easier for Japanese students to study abroad and for students from other countries to come to Japan.

そうすれば、日本の学生はより留学しやすくなり、海外の学生は日本に来やすくなるだろう。

前の文を受けて「影響・結果」を述べています。make OC「OをCにする」の形で、This would make it easier for Japanese students to ～「これは、日本の学生が～するのをより簡単にする」→「これによって、日本の学生がより～しやすくなる」を表します（itは仮O、to ～ が真O／for Japanese studentsは意味上のS）。このThis would make it easier for 人 to ～「これによって、人はより～しやすくなる」は、英作文で影響・結果を述べるときに便利な表現です。

ちなみに、foreigner「外国人」は差別的な響きを持つ場合があるので、今回はstudents from other countriesを使っています。

 □make OC「OをCにする」　　□study abroad「留学する」　※abroad「海外で」は副詞なので、直前に前置詞は不要

Furthermore, starting the school year in September means entrance exams would be sometime in the summer instead of in

the winter.

さらに、9月に年度が始まれば、入試が冬ではなく夏に行われるようになるだろう。

Furthermoreを使って、2つ目の理由を述べています。meanは「意味する」の訳語ばかり有名ですが、実際にはA means {that} B「AはBということだ・AによってBになる」といった感じでよく使われます。

 □furthermore「さらに」　□entrance exam「入試」　□sometime「いつか」
□instead of ～「～の代わりに・～ではなく」

Cold winter weather sometimes causes students to get sick, or can cause problems for students to get to test centers.

冬の寒さのせいで学生が体調を崩すこともあるし、学生がテスト会場に行く上で問題が生じる可能性もある。

まず「冬に入試を行う問題点」を具体的に示しています。理由を補強する上で、こういった「相手（自分とは反対意見）の弱点」をつく発想もアリです。

また、1つ目のcauseはcause 人 to ～「人に～させる」の形で、2つ目は単にcause O「Oを引き起こす」の形で使われています。

語句 □cause 人 to 原形「人に～させる」　□get sick「病気になる・具合が悪くなる」
□get to ～「～に着く」　□test center「テスト会場」

Having entrance exams in the summer would eliminate these problems.

夏に入試を行えば、こういった問題はなくなるだろう。

冬のデメリットを指摘した上で、最後に「夏に入試を行えば解決する」と締めくくっています。ここでも"these＋名詞"の形を使い、these problemsで「学生が体調を崩す・テスト会場に行く際に問題が生じる」を表しているわけです。

語句 □eliminate「取り除く・消す」

✦　**この問題に取り組む意義**

「大学受験生に働き方について聞くなんて…」と思う人もいるかもしれませんが、大人の働き方が変わるということは、社会そのものの仕組みが変わる可能性もあります。2020年に感染拡大した新型コロナウイルスで注目された「リモートワーク」の影響がどれほど大きかったか、話題になったかを考慮すれば、これからの世の中にとって考えておくべき重要テーマと言えるでしょう。また、難関大学（慶応など）がビジネス関係の長文を出しますので、その対策も含め、ビジネス用語も学ぶ良い機会になります。

問題文を分析！

2020年の「新型コロナウイルス感染拡大」で注目された、「在宅勤務・

> ここがメインの問題文！

リモートワーク（work from home）」に対して、賛成か、反対か、あ

なたの立場を明らかにし、その理由と共に100語程度の英語で書きな

> 理由も忘れずに

> 「程度」なので90〜120語

さい。

戦略を立てよう！

①無理に背伸びしない

　社会人と同じ目線で語ろうとすると、無理が出たり、薄い内容になりがちです。聞きかじったことを書くのではなく、自分の考えから、そして自分の英語力で書けるものにすることを意識してください。

②リモートワークが話題になったとき、みなさんは何をしていた？

　コロナの問題が起きたときに注目されたリモートワークですが、そのとき学生だったみなさんはどういう状況でしたか？

　そう、LESSON 01で扱った「オンライン授業」が取り入れられた（もしくはその導入が検討された）わけです。ということは、そこに共通することならば、すでにLESSON 01で対策したわけですから書きやすいかと思います。

　たとえば「電車移動しなくていい」「スマホで対応できる」「現場にいた方がヤル気になる・人間関係が築ける」などは、オンライン授業でもリモートワークでも同じことです。こういった「どちらのテーマにでも流用できる英文」を利用することができます。

③反対意見の方が書きやすい

　解答例は「反対」の方から解説します。リモートワークなどの新しい話題に対しては「反対」した方が、従来通りの意見・きれいごとを言いやすい、つまり単純な意見が書きやすいからです。

解答例（1）　在宅勤務に反対

まず「意見提示」

In general, I do not think it is a good idea for people to work

from home on a regular basis.　理由①

One problem is that it is difficult for managers to know if their

1つ目の理由の目印

employees are really working or not. Many workers will not

focus on their work if they are at home, and this will hurt their

理由①の具体的な補足

productivity.　理由②

Another problem is that if people work from home all the

2つ目の理由の目印

time, it is difficult for them to build good relationships with

their colleagues.　In emergencies and natural disasters, having

譲歩

employees work from home may be unavoidable, but as soon

主張

as it becomes[is] safe again, people should go back to working

at their offices.

最後の「まとめ」

(113 words)

解答例詳解

> In general, **I do not think it is a good idea for people to work from home** on a regular basis.
> 一般的には、在宅勤務を日頃から行うのは良い考えだとは思わない。

まずは意見提示です。「賛成・反対」のときに便利なのが、このI think[do not think] it is a good idea to 〜「〜するのが良い考えだと思う[思わない]」の形です。

語句 □In general「一般的には」　□work from home「在宅勤務をする」
□on a regular basis「日頃から・日常的に」

> **One problem is that** it is difficult for managers to know if their employees are really working or not.
> 1つの問題は、従業員が本当に働いているかどうか、経営者が把握するのが難しいということだ。

反対なので問題点を挙げます。まずはOne problem is that 〜「1つの問題は〜ということ」を使っています（簡単に使える表現なのでぜひ書けるように）。この文で「従業員が本当に働いているかわからない」と漠然と書いた後に、次の文で具体的に補足しています。

語句 □manager「経営者」　□employee「従業員・社員」

> Many workers will not focus on their work if they are at home, and this will **hurt their productivity**.
> 従業員の多くは、家にいると自分の仕事に集中しない。そこで、生産性が下がってしまう。

hurt one's productivity「生産性を下げる」などは、難関大学の長文でも使われる表現なのでチェックを。補足として、They have lots of distractions at home.「家には気をそらすもの（TV・マンガなど）がたくさんある」という文をつけ足してもいいでしょう（distraction「気をそらすもの・娯楽」は便利な単語ですよ）。

語句 □focus on 〜「〜に集中する」　□hurt「傷つける・損なう」
□productivity「生産性」

Another problem is that if people work from home all the time, it is difficult for them to **build good relationships with** their colleagues.

他の問題は、もし常に在宅勤務をすると、従業員が同僚と良い関係を築くのが難しいということだ。

One problem is that 〜 に続いて、今度はAnother problem is that 〜「もう1つの問題は〜」にしています。problem自体はたくさんあるので、「そのうちの1つ」という意味でanotherを使います（もしthe other「最後の1つ」を使うと、在宅勤務に関する他のproblemはこれだけというニュアンスになってしまいます）。

語数の関係で入れませんでしたが、People can collaborate better if they are in the same location.「人は同じ場所にいた方がうまくコラボできる（効率良く仕事できる）」があってもいいでしょう。

語句 □build good relationships with 〜「〜と良い人間関係を築く」
□colleague「同僚」

In emergencies and natural disasters, having employees work from home may be unavoidable, but as soon as it becomes[is] safe again, people should go back to working at their offices.

緊急事態や自然災害のときは、従業員に在宅勤務をしてもらうことは避けられないかもしれないが、安全になり次第会社での勤務に戻るべきだ。

まとめを書いています。これはなくてもOKですが、これを書くことで、「緊急時に便利だ」という反論もきちんとわかってますよ、というアピールができるのです。

語句 □emergency「緊急事態」　　□natural disaster「自然災害」
□have O 原形 「Oに〜してもらう」　　□unavoidable「避けられない」
□as soon as sv, SV「svするとすぐにSVだ」　　□office「事務所・会社」

解答例（2）　在宅勤務に賛成

まず「意見表示」

I believe companies should allow their employees to work from home whenever possible. This will have many advantages for both employees and employers.

理由①

First, when employees work from home, they do not have to
（1つ目の理由の目印）
take crowded public transportation to get to work, and this
will reduce the spread of the new coronavirus and other
（1つ目の理由に補足）
diseases. They can also save transportation costs.

理由②

Moreover, these days many workers need only a computer,
（2つ目の理由の目印）
an Internet connection, and a smartphone to do their job.
There are many powerful computer programs that help
coworkers to collaborate, too, so even if their job requires
them to work closely with others, they can. (106 words)

解答例詳解

> I believe companies should allow their employees to work from home whenever possible. This will **have many advantages for** both employees and employers.
>
> 会社は、可能であればいつでも、従業員に在宅勤務をさせてやるべきだと私は思う。このことは、従業員にも雇用者にもたくさんのメリットがある。

まずは意見提示です。解答例(1)よりもバリエーションをつけて、I believe、S allow 人 to ～「S が 人 に～することを許可する」の形で賛成意見だと示しています。さらに次の文で、have many advantages for ～「～にとってたくさんのメリットがある」と伝えています。こういう表現を使って「今からメリットを言いますよ」のような役割がある文が書けると答案が引き締まります。

語句
□allow 人 to 原形「人に～することを許可する」　□whenever「いつでも」
□possible「可能な」　□advantage「利益」　□both A and B「AもBもどちらも」
□employee「従業員」　□employer「雇用者」

> First, when employees work from home, they **do not have to take crowded public transportation to get to work,** and this will **reduce the spread of the new coronavirus and other diseases.** They can also **save transportation costs.**
>
> まず、従業員が在宅勤務をすると、混雑した公共交通機関に乗って通勤する必要がないので、新型コロナウイルスや他の病気の感染拡大が抑えられる。交通費を節約することもできる。

1つ目の理由を提示しています。「リモートワーク」が注目されたのは新型コロナウイルスによるものですから、こういった内容を書けるようにしておきましょう。最後に「交通費もかからない」とちょっとした補足をつけています（もちろん無理に書く必要はありません）。

語句
□crowded「混雑した」　□public transportation「公共交通機関」
□get to work「通勤する」　□reduce「減らす」　□spread「まん延」
□disease「病気」　□save「節約する」　□transportation cost「交通費」

> Moreover, **these days** many workers need only a computer, an Internet connection, and a smartphone to do their job.
>
> さらに最近では、多くの労働者は仕事をするのにパソコンやインターネット接続、スマートフォンしか必要としない。

Moreoverで2つ目の理由に入ります。these days（nowadays）は「（過去と対比して）現在は・

最近は」と言うときに使うことが多いので、動詞は現在形になります（動作動詞の場合は進行形でもOKです。和文英訳問題でよく問われます）。

 □moreover「さらに」　　□these days「（過去と対比して）現在は・最近は」
□connection「接続」

> There are many powerful computer programs that help coworkers to collaborate, too, so even if their job requires them to work closely with others, they can.
>
> 同僚が協力しやすくなる高性能なコンピュータープログラムもたくさんあるので、同僚と緊密に連携して働く必要があっても、そうすることができる。

help 人 to ～「人 が～するのを助ける」（このtoは省略可能）、require 人 to ～「人 が～するのを必要とする」など、語法は正しく使いましょう（こういったところでの減点は避けないといけません）。

文末は、they can {work closely with others}ということです。また、coworkerやcollaborateなどのビジネスで使う単語もしっかりチェックを。

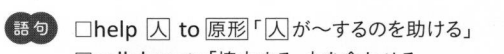 □help 人 to 原形「人 が～するのを助ける」　　□coworker「同僚」
□collaborate「協力する・力を合わせる」
□require 人 to 原形「人 が～するのを必要とする」　　□closely「緊密に」

CHAPTER
2
—

最新テーマ [2]
テクノロジー系

▶ **攻略のコツ**

AI・インターネット・SNSなどは、もはや完全に入試定番テーマと言えるほど、ものすごい勢いで出題されています。ここでは、「AIの影響」「ネットでのいじめ」「自動運転」などの最新テーマに対応していきます。

▶ CONTENTS

- ☐ **AI**
- ☐ **自動運転**
- ☐ **SNS**
- ☐ **歩きスマホ**

✦ この問題に取り組む意義

　　長文・英作文ともに「AI」は頻出テーマなので、絶対に対策が必要です。解答例（2）では具体例に「自動運転」の話も入れました。「自動運転」は長文・英作文どちらでも頻出テーマなので（たとえば2020年の入試では慶応の長文で2題も出ています）、必ず押さえておいてほしいものです。

　　また、「人間の代わりにロボットに仕事をさせるべきか」が琉球大で、「生活を変えた科学技術」は県立広島大をはじめたくさんの大学で出ているので、こういったテーマでも解答を使い回すことができるはずです。

🔍 問題文を分析！

最初は「背景説明」

As Artificial Intelligence (AI) becomes available, more and more companies will probably try to cut their operating costs by using machines instead of human workers whenever possible. Give your opinion of the influence of

ここがこの問題文のメイン！

AI in our lives and communities in coming years. Write an

「約」なので110〜140語が目安

essay of about 120 words in English.

120語→理由・具体例はやや長めに

[問題文和訳]

　　人工知能（AI）が使われるようになるにつれて、おそらくますます多くの企業が、可能な限り人間の労働者の代わりに機械を使うことによって運営費を削減しようとするようになるだろう。AIが今後、私たちの生活や地域社会における影響に

ついて、意見を述べなさい。120字程度のエッセーを<u>英語で</u>書きなさい。

📈 戦略を立てよう！

①「意見を書け」と言われたら…

ズバリ、Give your opinion of the influence of AI in our lives and communities in coming years. の部分に答えるわけですが、「AIの影響に対する意見を書け」では曖昧なので、こういうときは「AIの影響がプラスかマイナスか」について意見を述べるのがベストです。

②具体例に力を入れる

120語なので、理由・具体例はやや長め（プラス1文のイメージ）がいいでしょう。テーマが抽象的なときほど、きちっと具体例を示すと、解答が引き締まります。

AIについての英文を書けるようにしておくと、長文での理解度もまるで変わってきますよ！

解答例（1）　AIに賛成

まず「主張（未来の予想）」

In the future, AI will do certain kinds of work, so people will

主張A

do other kinds of work instead. Overall, I think this will have a

主張B　　　　　　　　　　　　　　　2文目で「意見提示」

positive effect on people's lives.

具体例①

One use for AI will be interpreting between people who speak

1つ目の具体例の目印　　　　　　　　　具体例①のA'

different languages. This will make international communication

easy and cheap. **So instead of working as an interpreter, a**

person could work to build good relationships with people

具体例①のB'

from other countries.

具体例②

AI will also be used for engineering. For example, a car

2つ目の具体例の目印　　　　　　　　具体例②のA'

designed using AI might be lighter and stronger than a car

designed by people. This means that people will have more

具体例②のB'

time to imagine new kinds of vehicles.

As these examples show, I believe that AI will have a positive

まとめに入る目印

influence on society in the future.

(129 words)

💡 解答例詳解

In the future, AI will do certain kinds of work, so people will do other kinds of work instead. Overall, I think this will **have a positive effect on people's lives**.

将来、AIはある特定の種類の仕事をするようになるので、人々は他の種類の仕事を代わりにすることになるだろう。全体的に見て、これは人々の生活に良い影響を与えると思う。

今までは1文目で明確に意見提示をしていましたが、今回は1文目で「未来の予想」を書き、2文目で「これは良いこと」と立場をハッキリさせています。こういう書き方もあることは頭の片隅に入れておいてください（特に英検1級のスピーキング試験で使えます）。

語句 □certain「ある特定の」　□instead「代わりに」　□overall「全体として」
□have a positive effect on ～「～に良い影響を与える」

One use for AI will be interpreting between people who speak different languages. This will make international communication easy and cheap.

AIの使い方の1つは、違う言語を話す人同士の通訳をするというものになるだろう。これによって、国際交流が簡単になり、かつお金もあまりかからなくなるだろう。

ここではAIの仕事の具体例で「通訳」を挙げています。第1段落で「AIは特定の仕事、人間は別の仕事をする」と言った以上、この後に「人間の仕事」を書かないといけません。

語句 □use「使い道・用途」　□interpret「通訳する」　□make OC「OをCにする」
□international「国際的な」

So instead of working as an interpreter, a person could work to **build good relationships with people from other countries**.

そのため、人間は通訳として働くのではなく、他の国の人と良い関係を築くために働くことができるようになるかもしれない。

instead of ～「～の代わりで」を使って前の内容を受けつつ、「人間の仕事」に入っていますね。こういう展開（主張でA vs. Bと言ったら、具体例部分でも、A' vs. B' とする）を守ると、構成面で優れた印象を残すことができます。

語句 □interpreter「通訳者」
□build good relationships with ～「～と良い人間関係を築く」

AI will also be used for engineering. For example, a car designed using AI might be lighter and stronger than a car designed by people. **This means that** people will have more time to imagine new kinds of vehicles.

AIはまた、エンジニアリングにも使えるだろう。たとえば、AIを使って設計した車は、人間が設計したものよりも軽量かつ強靭かもしれない。これはつまり、人々が、新しいタイプの乗り物を考案するための時間をもっとたくさん取れるようになるということだ。

---

alsoを使って「2つ目の具体例」だと伝えています。したがって、その次にあるFor exampleは、「"2つ目の具体例"のさらに詳しい内容」となります。次の文ではThis means that ～ で前の文（AIの仕事）を受けて、今度は「人間の仕事」につなげています。ここでも「AIの仕事 vs. 人間の仕事」という構図が守られていますね。This means that ～「これはつまり～ということだ」は非常に便利です。

語句 □engineering「工学・エンジニアリング」　　□design「設計する」
　　　　□light「軽い」　　□imagine「想像する」　　□vehicle「乗り物」

As these examples show, I believe that AI will **have a positive influence on society** in the future.

以上の例が示す通り、私は将来的にAIは社会に良い影響を及ぼすと考えている。

As these examples showを使って、まとめに入ります。第1段落2文目 have a positive effect on people's lives を（そのまま使うのは避けたいので）、ここでは have a positive influence on society に言い換えています。因果表現は言い換えがしやすいのでオススメです。

語句 □have a positive influence on ～「～に良い影響を与える」

解答例(2)　AIに反対

まず「主張」

I believe that AI will cause greater wealth inequality in the future.

具体例①

First, AI will be used in many products. The self-driving car is one

1つ目の具体例の目印

example. When this technology is perfected, we will no longer

need drivers for taxis, buses or trucks. On the other hand, the

具体例内での対比

company that owns the self-driving technology will earn big

profits.

具体例②

Of course, AI experts will be in high demand, and they will earn

very good salaries. However, not everyone is smart enough to

具体例内での対比

become an AI programmer. When a store clerk or banker

loses his job due to AI, it will be hard to find another well-

paying job.

For these reasons, I think that AI will make a few people very

まとめに入る目印

rich, but most people poor.　　　　　　　　　　(123 words)

2

最新テーマ
[2]

解答例詳解

I believe that AI will **cause greater wealth inequality** in the future.
私は、AIが将来、今よりも大きな富の不平等をもたらすと考えている。

wealth inequality「富の不平等・経済格差」を出しているので、この後の具体例では「もうかるvs. もうからない」という「差」を示していく必要があります。

語句 □cause「引き起こす」 □wealth「富」 □inequality「不平等」

First, AI will be used in many products. The self-driving car is one example. When this technology is perfected, **we will no longer need** drivers for taxis, buses or trucks.
まず、AIは多くの製品に使われるだろう。自動運転の車がその一例だ。この技術が完成すると、私たちはもうタクシー、バス、トラックの運転手を必要としなくなる。

1つ目の例として自動運転を出しています。これにより「職を失う人がいる(＝もうからない)」ことに触れています。will no longer need 〜「もはや〜を必要としない」はよく使う表現なので、サッと書けるようにしておくと便利です。

語句 □product「製品」 □self-driving car「自動運転車」 □technology「科学技術」
□perfect「完璧にする」 □no longer 〜「もはや〜ない」 □truck「トラック」

On the other hand, the company that **owns the self-driving technology** will **earn big profits**.
一方で、自動運転の技術を保有している会社には多額の利益が入る。

On the other handで、この「具体例内での対比」を示しています。当然こちらは「もうかる」側の話ですね。own the self-driving technologyやearn big profitsなどはマスターしておくと最新テーマでは便利な表現ですよ。

語句 □on the other hand「一方で」 □own「所有する」
□self-driving「自動運転の」 □earn「(収入)を得る」 □profit「利益」

Of course, AI experts will be in high demand, and they will earn very good salaries.
もちろん、AIの専門家は引く手あまたとなり、高給取りになるだろう。

ここで段落を変えて、別の例で、また「もうかる・もうからないの対比」を書けばいいわけです。ここでは「もうかる」話から入っていますね。

 □expert「専門家」　□in demand「需要がある」　※on demandは「要求されるとすぐに」　□salary「給料」

> However, **not everyone** is smart enough to become an AI programmer. When a store clerk or banker **loses his job due to AI**, it will be hard to find another well-paying job.
>
> しかし、全員がAIプログラマーになれるほど賢いわけではない。店員や銀行員がAIによって職を失ったら、他の稼ぎの良い仕事を見つけるのは困難になるだろう。

Howeverで具体例内での対比です。先ほどのOn the other handもそうですが、これらの表現が「具体例の中での小さな対比」にも使えることを知っておいて損はありません。どうしてもhoweverなどがくると「主張だ」と条件反射しがちですが、現実の英文ではそうとも限らないのです。

 □smart「賢い」　□ 形容詞 enough to ～「～するのに十分 形容詞 だ」
□programmer「プログラマー」　□store clerk「店員」　□banker「銀行員」
□due to ～「～が原因で」　□well-paying「稼ぎの良い」

> **For these reasons**, I think that AI will make a few people very rich, but most people poor.
>
> 以上の理由から、私は、AIによってごく一部の人は大金持ちになるが、ほとんどの人々は貧しくなるだろうと考える。

まとめですね。最初のwealth inequalityをそのまま使うのではなく、make a few people very rich, but most people poorという形で言い換えているわけです。「端的な言葉（ここではinequality）を詳しく説明することで言い換えになる」というテクニックです。

✦　この問題に取り組む意義

　　1つ前の問題ではAIがテーマで、しかも解答例の中に自動運転の話を入れましたが、自動運転は最近の入試で超注目テーマなので、ここで改めて扱います。

　　日本では「運転が楽になる・機械はミスが少ないので事故が減る」くらいの話題が多いのですが、欧米では「車を所有しなくなることでライフスタイル・社会構造が変わる」など、大きな視点でニュースに取り上げられることが頻繁にあります。そのため長文でも非常によく出るテーマで、その流れは英作文にもおよぶでしょう。

　　また、自動運転と聞くと、どうしても自動車ばかりが頭に浮かびますが、その技術はdelivery robots「配達ロボット」にも活かされて、「高齢者に食事を運ぶ・工場で部品を運ぶ」ことや、コロナのときに話題になった「配達員と顧客が対面しない」ことも実現できます。

　　非常に将来性がある分野であると同時に、自由英作文でもこれから出るさまざまなテーマに応用できる、必ず対策をしておくべきテーマなんです。

Q　問題文を分析！

最初は「背景説明」

ここがこの問題文のメイン！

最近、自動運転（self-driving cars）が話題です。自動運転車の

長所（advantage）と短所（disadvantage）を100語程度の英語

で書きなさい。

「メリット」と「デメリット」を述べる

90〜120語が目安

📈 戦略を立てよう！

①イントロを書こう

「メリット・デメリットを述べるパターン」の問題では、いきなり具体的に書き出す受験生が多いのですが、まずは「イントロ」を入れてください。英文の完成度がまるで違ってきます（具体的な英文は解答例参照）。

②事故以外で考えてみる・ネタは収集しておく

　大学受験生に運転のことを問うのは酷だと思うので、今回は答案作りに苦労したでしょうが、先ほども述べた通り、自動運転に関してはしっかり対策をしておかないといけないので、解答例の内容・表現は大いに参考にしてください。

　どうしても「事故」関係ばかりが頭に浮かぶかもしれませんが、そういうときほど「車に興味がない・関係がない生活をしている人にどんなメリット・デメリットがあるのか？」と考える習慣をつけておくと、本番でも良いアイデアが出るかもしれません。

③解答例の構成

　解答例(1)では、簡単な表現を多用し、量も抑えたものにしました（メリット2つ・デメリット1つ）。

　解答例(2)は「メリット・デメリットを2つずつ」の答案で、英文にもバリエーションを持たせています。

　また、どちらの答案にもコロナ関連の話題（a pandemic「パンデミック」、practice social distancing「ソーシャルディスタンス（社会的距離）をとる」など）を入れています。

解答例(1) メリット2つ・デメリット1つ

まず「イントロ」

メリット①

There are many advantages to using self-driving cars. First, even

1つ目のメリットの目印

people who don't have a driver's license can ride in a vehicle by

themselves and avoid using public transportation such as trains

and subways. **This is especially advantageous if there is a**

前の内容を補足

pandemic and people need to practice social distancing.

メリット②

Also, a self-driving taxi would be cheaper than a traditional

2つ目のメリットの目印

taxi because the taxi company does not have to pay a driver.

デメリット

One disadvantage is that the technology is still new and

therefore unproven, so it might be dangerous in certain

situations. (92 words)

解答例詳解

There are many advantages to using self-driving cars.
自動運転の車を利用することにはたくさんのメリットがある。

「メリット・デメリットを述べるパターン」のイントロとしてぜひ知っておいてほしい英文です。前置詞toをしっかり書けるようにしておきましょう。

 語句 □advantage to ～「～に対してのメリット」→「～のメリット」
□self-driving car「自動運転車」

First, even people who don't have a driver's license can ride in a
vehicle by themselves and avoid **using public transportation such**

as trains and subways.

まず、運転免許を持っていない人も自分で車に乗ることができ、電車や地下鉄などの公共交通機関を使わずにすませることができる。

Firstを使って、1つ目のメリットを挙げています。public transportation「公共交通機関」だけでも通じますが、このようにsuch asを使って具体化するとより良い英文になります。

※少し細かい内容になりますが、「自動運転」は免許が必要になるか、もしくはこの英文のように無免許でもOKか、といった細かいことは国・時代によって違うので、問題文に指定がない限り、自分で設定して構いません。

語句 □driver's license「運転免許(証)」　　□ride「乗る」　　□vehicle「乗り物」
□by oneself「1人で」　　□avoid -ing「〜するのを避ける」
□public transportation「公共交通機関」　　□such as 〜「〜などの」
□subway「地下鉄」

This is especially advantageous if there is a pandemic and people need to practice social distancing.

このことは、病気が世界的に流行し、ソーシャルディスタンス(社会的距離)をとらなければならない場合に特にメリットがある。

前の文を補足しています。今回のように、This is especially advantageous if 〜「〜の場合、これは特にメリットがある」の形は非常に便利で、美しい英文となります。

a pandemic「パンデミック」やpractice social distancing「ソーシャルディスタンス(社会的距離)をとる」など、この機会にぜひマスターしてください。

語句 □especially「特に」　　□advantageous「メリットがある・都合の良い」
□pandemic「(病気の)世界的流行」　　□practice「実践する」
□social distance「ソーシャルディスタンス(社会的距離)」

Also, a self-driving taxi would be cheaper than a traditional taxi because the taxi company does not have to pay a driver.

さらに、自動運転のタクシーは従来のタクシーよりも安価になるだろう。なぜなら、タクシー会社が運転手に賃金を支払う必要がないからだ。

文頭のAlsoで、2つ目のメリットに入ります。a self-driving taxi would be cheaperは絶対に断定できるとは限らないので、推量のwouldで少し弱めています(because以下のthe taxi company does not have to pay a driverは事実なので断定して問題ありません)。

語句 □cheap「安価な」　　□traditional「従来の」　　□pay「(賃金を)支払う」

One disadvantage is that the technology is still new and therefore unproven, so it might be dangerous in certain situations.

デメリットの1つは、この技術がまだ新しいために実証されておらず、特定の状況では危険かもしれないということだ。

One disadvantage is that ～「1つのデメリットは～ということだ」は便利な言い方です。このままキラーフレーズとしていろいろなテーマで使い回せる英文です。

 語句　□disadvantage「デメリット」　　□still「いまだに」　　□therefore「したがって」
□unproven「(安全性などが)実証されていない」　　□certain「特定の」
□situation「状況」

「戦略を立てよう！」に書きましたが、この英文はメリット2つ＋デメリット1つを書いているので、もう十分な答案です。もしここで「まとめ」を書き足そうと思った場合、以下のような英文を入れることができます(以下の英文を入れると全体は113語)。

It will be interesting to see if self-driving technology **becomes widespread** in the future, and how it will change our society.

これから先、自動運転技術が普及するのか、それによりどのように社会が変化するのかを目の当たりにするのは興味深いことだろう。

「(自動運転のような)新しい技術のメリット・デメリット」がテーマになった場合、締めとしてこのような英文を書くことができます。入試以外でも、資格試験やスピーキング試験で役立つので覚えておくといいでしょう。

語句　□widespread「普及した」　　□society「社会」

💡 解答例（2）　メリット・デメリット2つずつ

まず「イントロ」／メリット①

Self-driving cars have numerous advantages.　First, people can

1つ目のメリットの目印

ride without paying attention to the road. This means they

前の内容を具体化

can do other things such as read, talk on the phone, or sleep.

メリット②

Also, self-driving delivery vehicles can bring packages to

2つ目のメリットの目印

customers without a driver. If there is a pandemic like the

前の内容が引き起こすさらなるメリット

new coronavirus pandemic in 2020, delivering goods without

a driver reduces the risk of spreading the virus.

デメリット①

On the other hand, there are disadvantages, too. If there is a

デメリットに移る目印

problem with the self-driving software, these driverless vehicles

might cause serious accidents, even killing the passengers or

デメリット②

pedestrians.　In addition, they will most likely take jobs away

2つ目のデメリットの目印

from people such as taxi drivers and delivery people.

(115 words)

💡 解答例詳解

Self-driving cars **have numerous advantages**.
自動運転の車にはたくさんのメリットがある。

メリット・デメリットの言い方として、今回は、S have ～ advantages.「(Sには)～のメリットがある」を使っています。

First, people can ride without paying attention to the road. **This means** they can do other things **such as** read, talk on the phone, or sleep.

第一に、人々は道路に注意を払わずに乗車することができる。これはつまり、読書をしたり、電話で話したり、居眠りをしたりするなど、他のことができるということだ。

Firstで1つ目のメリットを述べます。最初の文「注意しなくてもOK」という抽象的な内容を、次の文で具体化しています。このような場合に、This means (that) 〜「これはつまり〜ということだ」は本当に便利ですね。

語句 □pay attention to〜「〜に注意を払う」　□such as 〜「〜などの」
□talk on the phone「電話で話す」

Also, self-driving delivery vehicles can bring packages to customers without a driver.

また、自動運転の配達機械は運転手がいなくても荷物を客に届けることができる。

文頭にAlsoを置いて2つ目のメリットを述べます。「自動運転」と聞いて、他の受験生が思いつかないような内容ですね。ぜひ押さえておいてください。

語句 □vehicle「輸送機関・乗り物・車」　□package「荷物」　□customer「客」

If there is a pandemic like the new coronavirus pandemic in 2020, delivering goods without a driver **reduces the risk of spreading the virus**.

もし2020年の新型コロナウイルスのような世界的な流行が起きたら、運転手なしで商品を届けることで、ウイルスがまん延する危険性が減る。

文頭のIfで前の内容が引き起こすさらなるメリットを述べています。Ifは「たとえばもし〜という状況なら」と、一定の条件を設定して論旨を展開するときに便利で、長文でもネイティブが普通に使います（つまり長文でIfで始まる文があれば、前の内容をさらに進展させている可能性大なんです）。

a pandemic like the new coronavirus pandemic in 2020のような表現は、ネタとしてぜひストックしておきましょう。

語句 □pandemic「(病気の)世界的流行」　□deliver「配達する」　□goods「商品」
□risk「危険性」　□spread a virus「ウイルスを広める・ウイルスがまん延する」

On the other hand, there are disadvantages, too.

一方、デメリットもある。

On the other handを置いて、次はデメリットを述べるわけです。最初に、S have ～ advantages. のパターンを使っているので、今度はThere is構文でバリエーションを出しています（無理に出す必要はありませんが、これができるとかなり好印象なんです）。

 □on the other hand「一方」

If there is a problem with the self-driving software, these driverless vehicles might cause serious accidents, even killing the passengers or pedestrians.

もし自動運転のソフトウェアに問題が生じれば、こういった無人自動車は大きな事故を引き起こし、乗客や歩行者を殺してしまう可能性さえある。

これも自動運転では欠かせない文です。そのまま書けるようにしておきましょう。（後半の ～, (even) killing … は「分詞構文」です）。ちなみに、ここでは設問のself-driving cars「自動運転車」を、driverless vehicles「無人自動車」に言い換えています。こういった語句の言い換えも高得点につながります。

 □driverless「無人の」　　□serious「重大な・深刻な」　　□passenger「乗客」
□pedestrian「歩行者」

In addition, they will most likely take jobs away from people such as taxi drivers and delivery people.

加えて、自動運転の車はタクシーの運転手や配達員から仕事を奪う可能性が非常に高い。

In additionでもう1つデメリットを書きます。「AIが仕事を奪う」も典型的な内容なのでスラスラ書けるようにしておかないといけません。

 □most likely「十中八九・きっと」　　□take A away from ～「～からAを奪う」

✦ この問題に取り組む意義

　今や若者の生活にSNSは欠かせないものとなっていますが、それによるいじめ問題も深刻です。「最新テーマ（SNS）と定番テーマ（教育・いじめ）」の融合という、これからの大学入試を象徴するかのようなテーマです。

　どちらのテーマも意外と書けない表現がたくさんあるので、解答例を通してしっかりマスターしてください。

　たとえば、bully「いじめる・いじめっ子」という単語を知らないと書けることが限定されてしまいます（問題文のbullyingは「いじめること」→「いじめ」）。

　ちなみに長崎大では「SNSが生活の質に良いのか悪いのか」というテーマを出しています。こういう広いテーマであっても、今回の解答例(1)「いじめにつながる」をそのまま流用できてしまうわけです。

🔍 問題文を分析！

「賛成」or「反対」問題

Write an essay in English agreeing or disagreeing with the

topic below. Your essay should be between 150 and 200

words.

150〜200語→「理由」を膨らませる

The popularity of social media like Facebook, Twitter and

LINE increases bullying.

likeはあくまで具体例を出すだけ
→Facebook・Twitter・LINEをまとめても、1つだけ取り出してもOK

[問題文和訳]

　以下のテーマについて賛成か反対か、<u>英語で</u>エッセーを書きなさい。エッセーは150語以上200語以内にすること。

　Facebook、Twitter、LINEなどのソーシャルメディアの人気が高まることは、いじめの増加につながる。

📈 戦略を立てよう!

①語数が増えても方針は同じ

　まだこの本の序盤にもかかわらず、150〜200語の問題なんて、少し面食らったかもしれませんが、「たとえ200語レベルでも自由英作文の方針は同じ」ということを体感してもらいたいと思ってこの問題を採用しました。

②「理由」を膨らませる

　というわけで基本方針は変えてはいけません。単に「理由」に1〜2文つけ加えるイメージです。思いついた理由をさらに詳しく書いてもいいですし、その理由の前提となる文を詳しく書いてもOKです。

③自信を持って書こう

　SNSに関しては、大学の出題者よりもみなさんの方が詳しいのです。「こんなこと書いてもいいのかな」なんて思いながら書くより、賛成・反対にかかわらず「若者の実情を教えてあげるよ」というノリで書いた方が意見がスムーズに出てくるはずです。

解答例(1)　賛成(いじめにつながる)

まず「主張」

In my opinion, the popularity of social media like Facebook, *意見の提示* Twitter and LINE increases bullying. *問題文を利用* *理由①*

First, with social networking services (SNSs) and messaging *1つ目の理由の目印* services, it is easy for people to share contents and send messages to individuals and groups. **Most high school students have a smartphone. At many schools, students can use their phones, even in class.** A bully with a smartphone can easily contact classmates and ask them to join in the bullying. Moreover, this *理由①の補強* kind of communication can be done during class without the teacher even noticing. *理由②*

Second, SNSs enable bullies to keep on bullying even when the *2つ目の理由の目印* bully and the victim are not in school. Just like adults, students carry their phones with them almost all the time. This means *前の内容を具体化* that if a bully writes a nasty message to the victim at night, the victim can see it right away. **Without SNSs and messaging services, victims are generally safe when they are at home, but once they are connected, they can be bullied at any time.**

最初の「主張」部分の In my opinionの言い換え

For these reasons, I believe social media increases bullying by

まとめに入る目印

making communication easier. This is true at all times of the

day, both inside and outside school. (193 words)

 解答例詳解

In my opinion, the popularity of social media like Facebook, Twitter and LINE increases bullying.

私は、Facebook、Twitter、LINEなどのソーシャルメディアの人気によって、いじめが増えると思う。

In my opinion「私の意見では」を使って、まずは主張を示します。問題文を利用してそのまま英文を使っています（何度も流用するとマズいですが、1回は許されるのでぜひ使いたいですね）。

 □in my opinion「私の意見では」　□popularity「人気」
□social media「ソーシャルメディア」　□increase「増加させる」　□bullying「いじめ」

First, with social networking services (SNSs) and messaging services, it is easy for people to share contents and **send messages** to individuals and groups.

まず、ソーシャルネットワーキングサービス（SNS）およびメッセージサービスのおかげで、人々が内容を共有したり、個人やグループにメッセージを送るのが手軽になっている。

messaging services「メッセージサービス」は、第1段落1文目のLINEの言い換えです。ちなみに、messaging servicesをmessaging apps「メッセージアプリ」としてもOKです（appは「アプリ」）。

 □social networking service「ソーシャルネットワーキングサービス（SNS）」
□share「共有する」　□content「内容」　□individual「個人」

Most high school students have a smartphone. At many schools, students can use their phones, even in class.

ほとんどの高校生はスマートフォンを持っている。多くの学校で、生徒は授業中でもスマートフォンを使うことができる。

この英文はそのまま使えるようにしておきましょう。主語は複数形（Most high school students）ですが、目的語は単数形（a smartphone）でOKです。「複数の人が（それぞれ）1台ずつスマホを持っている」と解釈できるからです。

語句 □in class「授業中に」

A bully with a smartphone can easily contact classmates and ask them to **join in the bullying**. Moreover, this kind of communication can be done during class without the teacher even noticing.

スマートフォンを持ったいじめの加害者は、簡単にクラスメートに連絡し、いじめへの加担を呼びかけることができる。さらに、このようなやりとりは、教師に気づかれることすらなく授業中に行われることがある。

join in the bullyingは「いじめに参加する」→「みんなでいじめる」という意味で、いろいろな場面で使えて便利な表現です。
この2つの文だけを見ると、理由として少し弱くも思えますが、この後に続く2つ目の理由（学校"外"でもいじめが続く）とセットになってまとまりのある意見となります。
ちなみにwithout the teacher even noticingでは、the teacherが動名詞noticingの意味上の主語になっています。英作文でミスが多いところなので、動名詞を使うときには気をつけてください。

語句 □bully「いじめっ子」　　□easily「容易に」　　□contact「〜に連絡を取る」
□ask 人 to 原形「人に〜するよう求める」　　□join in 〜「〜に参加する」
□moreover「さらに」　　□during class「授業中に」　　□notice「気づく」

Second, SNSs enable bullies to keep on bullying even when **the bully and the victim** are not in school. Just like adults, students **carry their phones with them almost all the time**.

次に、いじめの加害者は、SNSを使うと、加害者および被害者が学校にいないときでさえもいじめを続けることができる。大人と同じように、学生たちはほとんどいつもスマートフォンを持ち歩いている。

2つ目の理由です。victimは「犠牲者」と単語帳にありますが、「いじめの被害者」を表す場合にも使えるわけです。carry their phones with them almost all the time「ほとんどいつもスマホを持ち歩く」という表現は、「スマホとコミュニケーション」という頻出テーマでも、今の若者を語る上でも、欠かせない表現です。

語句 □enable 人 to 原形「人が〜するのを可能にする」　　□keep on -ing「〜し続ける」
□bully「いじめる」　　□victim「被害者」　　□adult「大人」
□almost all the time「ほとんどいつも」

This means that if a bully writes a nasty message to the victim at night, the victim can see it right away.

これは、いじめの加害者が嫌がらせのメッセージを夜間に被害者に送っても、それがすぐに被害者の目に入るかもしれないということだ。

まず「前提となる文」を書いてから、This[That] means that 〜 を使って、「その前提はつまり〜ということになるのだ！」のように使える便利な表現です。「常にスマホを持ってる＝夜に嫌がらせをしてもすぐに届いてしまう（学校の外でもいじめから逃れられない）」と言っているわけです。

 □nasty「不愉快な・意地が悪い」　□right away「すぐに」

Without SNSs and messaging services, victims are generally safe when they are at home, but **once they are connected, they can be bullied at any time**.

SNSやメッセージサービスがなければ、被害者は、在宅中なら普通は安全なのだが、いったんつながってしまうと、どんなときでもいじめの被害に遭う可能性がある。

Once they are connected, they can be bullied at any time.「いったんつながってしまうと、いつでもいじめの被害に遭う可能性がある」は、まさに「SNS・スマホといじめ」の話でそのまま使いたい文です。

 □generally「普通は・概して」　□at any time「いつでも」※anytime 1語でも可
□once「いったん〜すると」※接続詞　□connected「接続している」

For these reasons, I believe social media increases bullying by making communication easier. This is true at all times of the day, both inside and outside school.

以上の理由から、私はソーシャルメディアは、やりとりを容易にすることによっていじめを増やしていると考える。これは、1日中いつでも、校内でも校外でも当てはまることだ。

For these reasonsで「まとめ」に入ります。通常は1つの文で十分ですが、今回は語数に余裕があるので2つの文を使ってまとめています。最初の文で問いの「いじめを増やすか」に端的に答えて、後ろの文でThis is true 〜という表現を使って補足しているわけです。このように「まとめ」では、「別の表現で言い換えられる」とポイントが高いのです。

 □make OC「OをCにする」　□true「当てはまる」　□both A and B「AもBもどちらも」

解答例（2）　反対（いじめにつながらない）

In my opinion, the popularity of social media like Facebook, Twitter and LINE does not increase bullying.

First, if someone online posts harmful content or writes a nasty message to you, on most social media websites it is easy to stop that person. On Facebook, for example, there is a button that allows users to report content that is harassment, contains violence or nudity or hateful speech. Users can also block other users. One final option is to simply turn off your phone or leave the website.

Second, compared with ordinary bullying, the number of people who experience bullying online is still very low. Newspapers publish articles about cyberbullying because it is relatively new. However, that does not mean that it is common. Some studies have shown that ordinary bullying is still many times as common as online bullying.

For these reasons, while cyberbullying certainly exists, I do not think that social media actually increases the amount of overall bullying. In my opinion, I believe it is better for schools

主張をふまえた提案

and the government to focus on reducing bullying overall,

rather than to spend time and energy specifically on reducing

bullying that happens on social media sites.　　(196 words)

解答例詳解

In my opinion, the popularity of social media like Facebook, Twitter and LINE does not increase bullying.

私は、FacebookやTwitter、LINEなどのソーシャルメディアの人気の高まりによっていじめが増えるということはないと思う。

解答例(1)と同じく、In my opinionで始めて、問題文を利用しています。今度は否定文にして反対意見を述べることを明示しています。

First, if someone online **posts harmful content** or writes a nasty message to you, on most social media websites it is easy to stop that person.

まず、ネット上の誰かが有害な書き込みをしたり、嫌がらせのメッセージを書いたりした場合、ほとんどのソーシャルメディアサイトでは、その人の行動をやめさせるのは簡単だ。

post harmful content「有害な内容を載せる」は必ずマスターしたい表現です。onlineは形容詞・副詞「オンライン上の・オンライン上に」です(今回は形容詞でsomeoneを後ろから修飾)。postは本来「柱(ゴールポスト)」→「柱に張り紙を貼る」→「ネット上に貼る・載せる・投稿する」ということです。

語句 □online「オンライン上の」　□post「投稿する」　□harmful「有害な」
□content「内容」　□nasty「不愉快な・意地が悪い」

On Facebook, for example, there is a button that allows users to report content that is harassment, contains violence or nudity or hateful speech. Users can also block other users. One final option is to simply **turn off your phone** or **leave the website**.

たとえばFacebookでは、嫌がらせにあたる書き込みや、暴力的な内容やヌード、またはヘイトスピーチを含む書き込みをユーザーが報告できるボタンがある。ユーザーはまた、他のユーザーをブロックすることもできる。最終的な手段の1つは、単に電話の電源を切ったり、ウェブサイトを見ないようにしたりすることだ。

for exampleを使って、前文it is easy to stop that personの具体例「報告するボタンがある」を挙げています（さらに前文harmful contentも、ここでharassment・nudityなどを使って具体化しています）。それに加えて（alsoを使って）、具体例の2つ目「ブロックできる」、さらにfinal optionとして「電源を切る・ネットから離れる」を出しています。このあたりは「言いたくても言えない表現」なのでしっかりチェックしておきましょう。

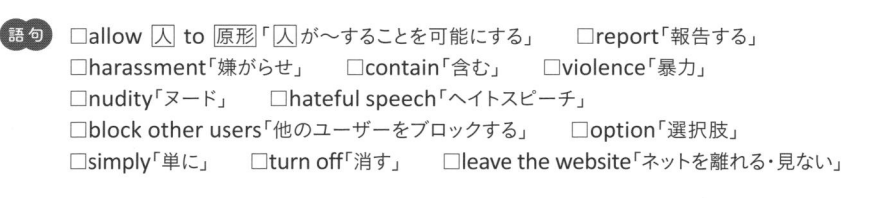

語句 □allow 人 to 原形「人 が〜することを可能にする」　□report「報告する」
□harassment「嫌がらせ」　□contain「含む」　□violence「暴力」
□nudity「ヌード」　□hateful speech「ヘイトスピーチ」
□block other users「他のユーザーをブロックする」　□option「選択肢」
□simply「単に」　□turn off「消す」　□leave the website「ネットを離れる・見ない」

Second, compared with ordinary bullying, **the number of people who** experience bullying online **is** still very **low**.

次に、従来のいじめに比べて、ネット上でのいじめに遭っている人の数はまだ極めて少ない。

2つ目の理由です（長い英文なので、きちんとSecondで文を始めることが読みやすい文章を書く上で大事）。The number of people who 〜 is low.「〜する人の数は少ない」の形はどこでも役立つ便利な表現です（主語はnumber「数」、動詞がis）。lowの代わりにsmallでもOKです。

ちなみにこの文の内容に対して若いみなさんは「ん？」と疑問に思うかもしれませんが、今までの「面と向かってのいじめ」に比べて、「ネット上でのいじめ」は（歴史的に）新しいので数が少ないということです。

語句 □compared with 〜「〜と比べて」　□ordinary「普通の」　□bullying「いじめ」
□the number of 〜「〜の数」　□experience「経験する」

Newspapers publish articles about cyberbullying because it is relatively new. However, **that does not mean that it is common**.

新聞がネットいじめについての記事を出しているのは、それが比較的新しい話題だからである。しかしだからと言って、ネットいじめがよく起こっているということにはならない。

cyberbullying「ネット上でのいじめ」は、掲載していない単語帳が多いでしょうが、絶対に知っておいてください。前の文にあるordinary bullying「普通の（従来の）いじめ」とセットで使えるとカッコいいですね。

語句　□publish「発行する」　□article「記事」　□cyberbullying「ネット上でのいじめ」
□relatively「比較的」　□common「よくある」

2 最新テーマ [2]

Some studies have shown that ordinary bullying is still many times as common as online bullying.
今もなおネットいじめよりも従来のいじめの方が何倍も多く起こっているということを示している研究もある。

このような内容が模範解答にあっても、つい流してしまう受験生が多いのですが、みなさんは今しっかりとネタとして仕込んでおきましょう。「ネット上でのいじめ」はonline bullyingと表現することもできます。本番で、知ったふうにこの文を使ってOKです。

語句　□Some studies have shown that 〜「〜と示している研究も（いくつか）ある」
□X times as common as 〜「〜のX倍よくあることだ」

For these reasons, while cyberbullying certainly exists, I do not think that social media actually increases the amount of overall bullying. In my opinion, I believe it is better for schools and the government to focus on reducing bullying overall, rather than to spend time and energy specifically on reducing bullying that happens on social media sites.
以上の理由から、ネットいじめは確かに存在するが、ソーシャルメディアによっていじめ全般の数が実際に増えているということはないと思う。私は、学校や政府は、ソーシャルメディアサイトで起こるいじめを減らすことに時間やエネルギーを集中的につぎ込むのではなく、いじめ全般を減らすことに注力した方がいいと思う。

For these reasonsでまとめています。語数に余裕があるので、さらにその後に、In my opinion, I believe 〜 でちょっとした提案を入れています（が、これは上級者用なので参考程度に見ておけば十分です）。

語句　□while sv, SV「svだが、SVだ」　□certainly「確かに」　□exist「存在する」
□social media「ソーシャルメディア」　□actually「実際に」
□the amount of 〜「〜の量」　□overall「全体の」　□government「政府」
□focus on 〜「〜に集中する」　□reduce「減らす」　□rather than 〜「〜ではなく」
□spend 時間 on -ing「〜するのに時間を費やす」　□energy「エネルギー」
□specifically「特に・とりわけ」　□happen「起こる」　□site「サイト」

✦ この問題に取り組む意義

「歩きスマホ」の事故は急増中で、それに伴って、入試の長文でも私立、国立を問わずよく見かけるテーマです。

また、現実には子ども・老人・目が不自由な人・車イスを使っている人が被害に遭うことが多いので、早急に解決すべき社会問題の1つでもあり、自由英作文のテーマとして今後出題が増えることが予想されます。

さらに、「事故・交通関係」に関する表現は英作文で重要なので、それをマスターする良い機会になるでしょう。

Q 問題文を分析！

次の質問に対して、少なくとも二つの理由を挙げて英語で具体的に

> 「理由」は複数

答えなさい。

Do you think it is dangerous to use a smartphone or other

> 「理由」は複数

electronic devices while walking? Give your reasons.

※目安 100語程度

[問題文和訳]

歩いている最中にスマートフォンやその他の電子機器を使うのは危険だと思うか。理由も述べよ。

📈 戦略を立てよう!

①何が問われているかをハッキリ把握する

　問われていることはシンプルなので、まず「危険だと思う・思わない」とハッキリ示して、複数の理由（具体例）を続けるだけです。

②よく出る「事故関係」の話

「事故・交通関係」の表現を書く機会はあまりなかったのではないかと思うので、苦労したかと思います。ちゃんと対策をしておけば簡単に書けますし、対策をしてないと悲惨なことになります。

③軽い内容でOK

　解答例(1)は、「数で勝負」の例として3つの理由（例）を出したパターンです。1つずつの理由を深められない場合（理由があまりにも自明で、あまり補足することがない場合）は、いろいろな角度から攻める「視野の広さ」を見せるといいでしょう。また、解答例は「こんな程度の内容でいいんだよ」という例にもなっています。

まるで受験生に訴えかけるかのように、「歩きスマホ」の話は入試によく出るんです!

💡 解答例（1）　危険だと思う

まず「主張」

I think it is dangerous to use a smartphone or other electronic

問題文を利用

devices while walking.　For example, someone walking on a

理由（例）①

1つ目の理由（例）の目印

train platform might accidentally walk off the edge and fall

onto the tracks or even get hit by the train.　In the case of a

理由（例）②

2つ目の理由（例）の目印

public road without a sidewalk, pedestrians have to walk very

close to where cars drive. In this situation, a person using a

smartphone could easily get hit if they are not aware of the

理由（例）③

vehicles around them.　Finally, if two people are both using

3つ目の理由（例）の目印

smartphones while they walk, they might even crash into each

other.　　　　　　　　　　　　　　　　　　　　　(101 words)

🔍 解答例詳解

I think it is dangerous to use a smartphone or other electronic
devices while walking.

私は、歩いている最中にスマートフォンやその他の電子機器を使うのは危険だと思う。

> 問題文Do you think it is dangerous to 〜 に対して、そのままI think it is dangerous to 〜
> と書き始めています（これが一番楽で確実ですね）。

語句 □electronic device「電子機器」　　□while -ing「〜している間」

For example, someone walking on a train platform **might**
accidentally walk off the edge and fall onto the tracks or even get

hit by the train.

たとえば、電車のホームを歩いている人だったら、ひょっとしたらの話だが、うっかりホームの端で足を踏み外し、線路に落ちたり、さらには電車にひかれてしまったりするかもしれない。

危険な内容を具体化しています。mightはmayとほぼ同じ意味ですが、厳密には少し可能性が下がり、「ひょっとしたら〜かもしれない」という意味です。「みんながホームから落ちるわけないのはわかってるけど、あくまでひょっとしたら…」という気持ちを表すのにバッチリな表現です。

語句 □platform「(駅の)ホーム」　□accidentally「うっかり」　□edge「端・縁」
□fall「落ちる」　□track「線路」　□get hit「ひかれる」

In the case of a public road without a sidewalk, pedestrians have to walk very close to where cars drive.

歩道のない公道の場合は、歩行者は車が走っている場所のかなり近くを歩かざるを得ない。

In the case of 〜「〜の場合」を使って、「さらに別のケースを考えると」という感じで2つ目の具体例を提示しています。to {the place} where cars driveでは、whereの先行詞the placeが省略されています。

語句 □in the case of 〜「〜の場合」　□public「公の」　□sidewalk「歩道」
□pedestrian「歩行者」　□close to 〜「〜の近くに」

In this situation, a person using a smartphone **could** easily get hit if they are not aware of the vehicles around them.

このような状況では、スマートフォンを使っている人は、自分の近くにいる車に気づいていないと、いともあっけなく車にひかれてしまう可能性がある。

このcouldも「ひょっとしたら〜の可能性がある」という意味です。前の文でcarsを使ったので、ここではvehiclesと言い換えてます。難しいとは思いますが、交通系のテーマは重要なので、vehicleや前文にあるpedestrianを使いこなせるようになっておいて損はありません（長文でもよく出ます）。

語句 □situation「状況」　□easily「たやすく」　□be aware of 〜「〜に気づいている」
□vehicle「乗り物・車」

Finally, if two people are both using smartphones while they walk, they **might** even crash into each other.

最後に、2人のどちらも歩きながらスマートフォンを使っていたら、お互いにぶつかってしまうことさえあるかもしれない。

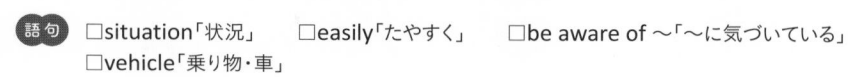

Finallyで「最後の具体例」だと示しています。つまりこの解答例では3つの具体例があったわけです。それゆえ「まとめ」を書く余裕はないのですが、「電車・車・歩行者同士」という3つの場面をきれいに提示することができるパターンとして参考にしてください。

語句 □finally「最後に」　　□both「どちらも」　　□crash into 〜「〜に衝突する」
　　　　□each other「お互い」

解答例(2)　危険ではないと思う

まず「主張」

I do not think it is dangerous to use a smartphone or other

問題文を利用

理由①

electronic devices while walking. First of all, when someone is

1つ目の理由の目印

reading an e-mail on the screen, or listening to music, they know

that they need to look around every few seconds to be safe. As

long as people do this, I do not think there is any danger.

理由②

In addition, in Japan pedestrians are protected by traffic

2つ目の理由の目印

laws. Drivers know that if they hit a pedestrian they will be

punished. Therefore drivers are very careful, so there is no

danger to pedestrians.　　　　　　　　　　　　　　　(95 words)

 解答例詳解

I do not think it is dangerous to use a smartphone or other electronic devices while walking.

私は、歩いている最中にスマートフォンやその他の電子機器を使うことが危険だとは思わない。

否定的意見なので、I do not think it is ～ となっています。I think it is not ～ というnotの位置でも間違いではありませんが、thinkを使う場合、否定語はできるだけ前に（最初に）出すのが自然な英文です。採点者に出だしから「ん？」と思われるような答案は避けたいですよね。

First of all, when someone is reading an e-mail on the screen, or listening to music, they know that they need to look around every few seconds to be safe. **As long as** people do this, I do not think there is any danger.

まず何よりも、画面上でEメールを読んでいたり音楽を聴いていたりするとき、その人は安全でいるために数秒

右側余白: **2** 最新テーマ [2]

おきに周りを見渡す必要があることをわかっている。人々がこのようにしている限り、何か危険があるとは思わない。

First of all「まずはじめに」で最初の理由を提示しています。さらに、As long as sv, SV.「svする限り、SVだ」を使って、前の文に関連させています（意外と便利な表現ですよ）。

語句 □first of all「何よりもまず」　□screen「画面」　□look around「見回す」
□every 複数名詞「〜おきに」　□As long as sv, SV.「svする限り、SVだ」
□danger「危険」

In addition, in Japan pedestrians **are protected by traffic laws**. Drivers know that if they hit a pedestrian they will be punished. Therefore drivers are very careful, so **there is no danger to pedestrians**.

さらに、日本では歩行者は道路交通法に守られている。車を運転している人は、歩行者をひいてしまったら自分が罰せられることをわかっている。そのため、運転手はとても慎重になっているので、歩行者にとっての危険はない。

In additionで「2つ目の理由」だと示しています。Thereforeは（文章全体のまとめではなく）、この2つ目の理由をまとめています。

語句 □in addition「加えて」　□pedestrian「歩行者」　□protect「保護する」
□traffic law「道路交通法」　□punish「罰する」　□therefore「従って」
□careful「注意深い」

この解答例の内容には反論も多そうだと思うでしょうが、解答例(1)のような内容を書くのが難しいときは、このくらいの内容でも（英文と構成がしっかりしていれば）満点がもらえるはずだと知っておいてほしいと思います。どちらの立場に立ってもいいわけですし、どっちにも反論はあります。ブレずにミスのない英語で構成がしっかりした文を書くことが求められているわけです。

CHAPTER
3

注目テーマ
新型コロナウイルス・日常生活

▶ **攻略のコツ**

ここでは、我々の生活を激変させた「新型コロナウイルス」のオリジナル問題、長文では超頻出の「環境問題」、そして資格試験・英語ディベートでは実は定番テーマの「防犯カメラ」など、この本の真骨頂とも言えるテーマ選択で、普通の受験生にはできない対策をしていきます。

▶ CONTENTS

解説── 新型コロナウイルス

✦ この問題に取り組む意義

　自由英作文では「発明品」について書かせる問題がよく出ます（LESSON 11で扱います）。今回の問題は発明品ではありませんが、「生活にもたらした変化」「これを機に、世の中はどう変わったか？」を聞くという点で同じ問題なので、今後重要視されるはずです。しっかり対策しておく必要があります。

🔍 問題文を分析！

ここがメインの問題文！

2020年に世界中で感染拡大した「新型コロナウイルス」は我々の生活にどのような変化をもたらしたかについて、あなた自身の考えを100語程度の英語で書きなさい。

難しく考えず、自分の目線でOK

「程度」なので90〜120語

📈 戦略を立てよう！

①難しく考えない！

　我々の生活や世の中の変化を語るといっても、ニュース・新聞のような難しいことを書く必要はありません。受験生が自由英作文の中で政治・国際情勢などを論じる必要はなく、みなさんの目線で大事だと思うことを書けばOKです。

　問題文は漠然としたものなので、「オリンピックができなくて残念」「今まで通りの生活ができない」といった視点で書いていきましょう。

　もちろん、ここまでに解説した「オンライン授業」「リモートワーク」の内容を流用することもできますね。

②問題文の英訳をイントロに

　答案の出だしにいきなり具体的なことを書くのではなく、問題文を軽く英訳したような「我々の生活を多くの点で変えた」といった文をイントロとして入れるようにしましょう。具体的には解答例で確認していきます。

この本の目玉でもある「新型コロナウイルス」についての英作文です！

解答例（1）

まず「イントロ」

The novel coronavirus pandemic has changed our lives in many
ways.

変化①

First, many Japanese people had been looking forward to

1つ目の変化の目印

the 2020 Tokyo Olympics and Paralympics, so they were

変化②

disappointed when they were postponed. Second, a lot of

2つ目の変化の目印

businesses had to struggle to survive, especially during the

time when the government declared a state of emergency

and asked people not to go out.

These things have had a big negative impact on the economy.

「まとめ」の目印　　　　　　　　　　　　現状・将来に対する不安

Moreover, it is not clear how, when, or even if, life in Japan

補足

will ever return to the way it was before the pandemic. People

are worried all the time now.　　　　　　　　　(105 words)

 解答例詳解

The novel coronavirus pandemic **has changed our lives in many
ways.**
新型コロナウイルスの世界的流行は、私たちの生活をさまざまな面で変化させた。

イントロとして、まずはこういった文を入れるようにしましょう。has changed our lives in many
ways「多くの点で我々の生活を変えた」は、そのままいろいろなテーマで使えますよ（過去から今
まで変化してきて、さらに現在もその影響が残るわけですから現在完了形が適切です）。

語句 □novel「新型の」　□coronavirus「コロナウイルス」
□pandemic「(病気の)世界的流行」　□way「点・側面」

First, many Japanese people had been looking forward to the 2020 Tokyo Olympics and Paralympics, so they were disappointed when they were postponed.

まず、多くの日本人が2020年の東京オリンピック・パラリンピックを楽しみにしていたので、それが延期になってしまってがっかりした。

まず1つ目の変化です。前半が過去完了(had p.p.)になっているのは、オリンピックを楽しみにしていたのは過去の1点(延期が発表される2020年春)までだからです。

また、「オリンピック」は本来the Olympic Games(オリンピック競技会)と表し、その短縮形がthe Olympicsです。競技は複数あるので、必ず複数形にする点に注意しましょう。

語句 □look forward to 名詞「名詞を楽しみに待つ」
□the Olympics「オリンピック(大会)」　□disappointed「失望した」
□postpone「延期する」

3
注目テーマ

Second, a lot of businesses had to **struggle to survive**, especially during the time when the government **declared a state of emergency** and asked people not to go out.

次に、多くの会社が生き残りをかけて苦労しなければならなかった。特に、政府が緊急事態宣言を発表し、外出を自粛するよう求めていた時期はなおさらだった。

businessには「会社・企業」という意味があり、慶応の長文でよく出ています。struggle to survive「生き残りに必死にがんばる」(toは副詞的用法「〜するために」)、declare a state of emergency「緊急事態宣言を出す・発出する」(直訳は「緊急事態を宣言する」)など、しっかり書けるようにしておきましょう。

語句 □business「会社」　※可算名詞　□struggle to 原形「〜しようと努力する」
□especially「特に」　□government「政府」　□declare「宣言する」
□state of emergency「緊急事態」　□ask 人 to 原形「人に〜するように頼む」

These things **have had a big negative impact on** the economy.

こうしたことは、経済に対して大きなマイナスの影響をもたらした。

「長文でthis[these]＋名詞を見たら、そこで簡単にまとめられている」というのはボクがよく長文

で解説する読解法の1つなんですが、ここでもthese thingsと軽くまとめています。「変化」などを述べる英文では、have a 形容詞 impact on ～「～に 形容詞 な影響を与える」という表現は重宝します。

今回の答案は「経済への影響と将来への不安」という軸を作り、オリンピックと企業の2点から論じた英文にしてあります（将来への不安については次のパラグラフで述べています）。

語句 □have a negative impact on ～「～に悪影響を与える」　　□economy「経済」

Moreover, it is not clear how, when, or even if, life in Japan will ever return to the way it was before the pandemic. People are worried all the time now.

さらに、日本での生活が大流行の以前の状態にどのように、いつ戻るのか、そして戻るのかどうかすらわからない。人々は今や常に不安に駆られている。

how, when, or even ifは名詞節をつくります（ここのifは「～かどうか」）。the way it wasは直訳「その状況があった方法」→「過去の状況・様子」くらいの意味で使われます。

この文は書かなくてもいいのですが、今回のような結論が出ないテーマ・先行き不安のテーマの場合、最後にこういった文で締めくくる方法があります（スピーキング試験ですごく活躍します）。

語句 □moreover「さらに」　　□return to ～「～に戻る」　　□the way sv「svの状態・様子」
□be worried「心配して」　　□all the time「いつも・常に」

解答例（2）

> まず「イントロ」

The spread of the novel coronavirus has changed the world
more than any other event in my lifetime. First, we are told

> 変化①

> 1つ目の変化の目印

that even asymptomatic people can spread the virus. This

makes us suspicious of everybody, because if we get the virus,

we could get very sick or pass the virus to a family member.

> 変化②

This makes us always anxious about going out. **Second, to**

> 2つ目の変化の目印

avoid becoming infected, people stay home a lot. They avoid

doing things such as meeting friends, going to the movies, and

eating at restaurants. This is making people feel lonely, and I

feel it will impact our mental health a lot in the future.

(109 words)

3

注目テーマ

解答例詳解

The spread of the novel coronavirus has changed the world more than any other event in my lifetime.

新型コロナウイルスのまん延は、私の人生のどんな出来事よりも世の中を変えてしまった。

解答例（1）とは違ったパターンのイントロにしています。「私の知る限り一番」というニュアンスになり、説得力が増します（みなさんが生まれる前にもパンデミックや戦争などはあったので、「あくまでそれは知らない」という体で書けるわけです）。ちなみに、novelはnewとしてもOKです。

語句 □spread「まん延」　　□event「出来事」　　□lifetime「生涯」

First, we are told that even asymptomatic people can spread the virus.

まず、私たちは無症状の人でさえウイルスをまん延させてしまうと言われている。

asymptomatic「無症状の」は完全に受験レベルを超えているので、現実的にはasymptomatic peopleをsomeone who does not look sickと置き換えて使えば十分ですが、今後の長文にも出てくると思うので、この機会に知っておいてもいいでしょう。a-には「非・欠」などの意味があり、一時、若者に流行った「（左右）非対称の髪型」を「アシンメトリー」と言いますが、これはasymmetryという単語です（発音は「エイシンメトリー」と読むことの方が多いです）。「非(a-)症状(symptom)」→「無症状の」です。

語句 □asymptomatic「無症状の」　　□spread「まん延させる」

This makes us suspicious of everybody, because if we get the virus, we could get very sick or pass the virus to a family member. **This makes us always anxious about** going out.

これによって、私たちは誰に対しても疑心暗鬼になってしまう。なぜなら、もし私たちがウイルスに感染すると、重症化したり、家族にうつしたりしてしまいかねないからだ。これにより、私たちは外出することに常に不安を感じてしまうのだ。

前の文で触れた「無症状」の怖さをここで具体的に述べています。こういったある種、常識的なことは、つい説明を忘れてしまうのですが、きちんと「なぜ問題なのか？」といったことを述べる習慣をつけておきましょう。

ここではThis makes us 形容詞「これによって私たちは 形容詞 となる」を2度使っています。同じ構文を使っていますが、suspicious「疑心暗鬼な」、anxious「心配な」と単語（内容）が違うので、これだけで十分なバリエーションに富んだ英文になっています。また、couldは「～かもしれない」で、can「ありえる」を少し弱めた意味になります。

語句 □make OC「OをCにする」　　□suspicious of ～「～に対して疑心暗鬼の」
□pass A to B「AをBにうつす」
□be anxious about ～「～について心配している・不安を感じている」

Second, to avoid becoming infected, people stay home a lot. They avoid doing things such as meeting friends, going to the movies, and eating at restaurants.

次に、感染を防ぐため、人は多くの場合家にとどまっている。友達に会ったり、映画を見に行ったり、レストランで食事をしたりといったことをしないようにするのだ。

2つ目の変化です。今回の解答例は、視野の広さよりも、みなさんに知ってほしいネタ帳の側面が強いので(そっちの方が役立つと考え)、「精神的な不安が拡大した」ということを軸に「人や外出を恐れる」「今まで当たり前にしていた行動を控える」という2つを論じた答案にしました。

語句　□avoid -ing「〜するのを避ける」　　□become infected「感染する」
　　　□such as 〜「〜のような」
　　　□go to the movies「映画を見に行く」　※基本的に複数形moviesで使うことに注意。

This is making people feel lonely, and I feel it will **impact our mental health** a lot in the future.
これによって人は孤独を感じており、私は将来的には精神面の健康に大いに影響をおよぼすだろうと感じている。

This makes OC「これによりOがCになる」の形が進行形になっただけです。「まさに今も人々は孤独を感じている」ということを強調しています。また、締めとして「これからも不安」という内容をつけ足しています(無理に書く必要はありませんが、スピーチでよく使われる手法なので参考までに)。

語句　□lonely「孤独な」　　□impact「影響を与える」　　□mental「精神の」
　　　□health「健康状態」

3

注目テーマ

解説——パンデミック

✦ この問題に取り組む意義

「20年に1度はパンデミックが起きる」という説もあるくらいなので、今後のパンデミックの対応策を考えているか、大学入試で問われても不思議ではありません（実際、ビル・ゲイツは2000年頃から疫病に対する取り組みを始めていますし、2015年に世界的な感染症について講演をし、大きな話題となりました）。過去の大変だったことを未来に活かすことは若者の使命でもあるわけです。

そもそも、パンデミックに関する話は長文でも出る（たとえば早稲田大や横浜市立大など）重要テーマなんです。

さらに「予防」という点では「地震・台風」などのテーマでも使える表現（たとえばprepare against ～「～に備えて準備する」）も学べます。

Q 問題文を分析！

> 最初は「背景説明」

> ここがこの問題文のメイン！

2020年に「新型コロナウイルス」が世界中で感染拡大したが、今後、このような感染症のまん延を防ぐにはどうすればいいのか。あなた自身の考えを70語以上の英語で書きなさい。

> 意見は1つでもOK

戦略を立てよう！

①イントロなし、理由は1つでOK

今回はテーマが難しく、複数の理由を考えて、さらにそれを英語で書くのは酷なので、少し語数を減らした「70語以上」としました（実際の試験でもそうですが、指定よりも語数を多く書く分にはまったく問題ありません）。これくらいの語数

であれば意見は1つでOKです。また無理にイントロをつける必要もありません（意見が1つの場合、イントロがない場合の方が多いくらいです）。

②「他国から学ぶ」は書きやすいが…

解答例(1)では、こういった問題では簡単に浮かびやすい「他国に学ぶ」対策を書きます。ただしこれを書く場合、どの国がうまくやったのかは知っておかないといけませんね。新型コロナウイルス対策が優れていたのは台湾・シンガポール・韓国です。これはSARS・MERSの経験を活かして対策を強化していたからです。同じアジアの国として日本が学ぶことは多いと思います。

また、解答例(2)では、足りなかったものを反省するパターンで書いています。

「パンデミック」は英検1級の英作文でも出ている、実は重要テーマなんです（新型コロナウイルスが広まる前の2019年に出題）。

3

注目テーマ

解答例(1) 他国に学ぶ

「意見提示」

Countries around the world should learn from Taiwan, Singapore and South Korea, and copy their strategy to prepare against future pandemics. These three countries all experienced SARS (2003) and MERS (2012), and as a result they have quick response plans, including plans for quickly developing diagnostic tests and contact tracing. If other countries have similar plans in the future, perhaps they can keep the number of people who get infected and die from a new virus low, like these countries did this time.

戦略の詳細

結論

(81 words)

解答例詳解

Countries around the world should **learn from** Taiwan, Singapore and South Korea, and **copy their strategy** to **prepare against** future pandemics.

世界中の国々は、台湾やシンガポール、韓国から学び、そうした国の戦略を手本にすることで、これからの流行に備えるべきだ。

「外国から学ぶ」という意見を展開していきます。この場合に使う表現は、learn from 〜「〜から学ぶ」、prepare against 〜「〜に備えて準備する」(いつ発生するかわからない危機へのagainst)が便利です。加えて、copy one's strategy「〜の戦略を手本とする」を使える受験生はまずいないのでぜひチェックを。

語句 □copy「まねる・手本とする」
※「手本とする」という意味は見落としがちだと思いますが、便利ですよ。
□strategy「戦略」　□prepare against 〜「〜に備えて準備する」
□pandemic「(病気の)世界的流行」

These three countries all experienced SARS (2003) and MERS (2012), and as a result they have quick response plans, **including** plans for quickly developing diagnostic tests and contact tracing.

これら3カ国は、すべてSARS (2003年)とMERS (2012年)を経験しており、それにより迅速に対応する段取りが整っている。たとえば、診断検査や接触者追跡を速やかに開発する段取りだ。

1文目で挙げた国の詳述をしています。〜, including A「〜だ。たとえばAだ」は例を挙げるときに重宝する表現です。

語句 □experience「経験する」　□SARS「重症急性呼吸器症候群」
□MERS「中東呼吸器症候群」　□as a result「結果として」
□response plan「対応策」　□including 〜「〜を含めて」
□develop「開発する」　□diagnostic test「診断検査」
□contact tracing「接触者追跡」

3

注目テーマ

If other countries have similar plans in the future, perhaps they can **keep the number of people who** get infected and die from a new virus **low**, like these countries did this time.

他国もこれから同様の段取りを整えれば、今回のそれら3カ国の場合と同じく、おそらく新型ウイルスの感染者数や死者数を少数に抑えることができるだろう。

今回の問題は「防止方法」を聞いているわけですから、外国の説明ばかりで終えるわけにはいきません。ここで1文目のcopy「まねる・手本とする」の内容を詳述しています。主節はkeep OC「OをCに保つ」の形です（Oが長いだけで、lowがCに相当します。このlowはsmallにしてもOKです）。likeは本来前置詞ですが、今回のように、like sv「svのように」はもはや認知された使い方で、答案に書いてもOKです（長文でも普通に使われます）。

語句 □similar「同様の」　□perhaps「おそらく・ひょっとすると」
□keep OC「OをCに保つ」　□the number of 〜「〜の数」
□get infected「感染する」　□die from 〜「〜が原因で死ぬ」
□like sv「svのように」

解答例（2）　防護具や医薬品を国内で製造する

「意見提示」

Countries like Japan and the United States should manufacture

personal protective equipment (PPE) and medicine domestically.

背景・理由

When the new coronavirus was spreading around the world,

most countries did not have enough PPE. Most of these items

are manufactured in China, or in the case of medicine, in China

or India. Since China and later India were themselves struggling

with the virus, they limited exports, so other countries could

結論

not get these things. **The shortage of PPE most certainly**

contributed to the rapid spread of the virus outside of China,

so to avoid this problem in the future, countries should

manufacture PPE and drugs domestically, even if it is more

expensive.　　　　　　　　　　　　　　　　　　(110 words)

 解答例詳解

Countries like Japan and the United States should manufacture
personal protective equipment (PPE) and medicine domestically.
日本やアメリカなどの国々は、個人用防護具（PPE）や医薬品を国内で製造するべきだ。

「日本やアメリカに足りなかったものを改善する」という意見を提示しています。こういった場合は
shouldを使うのがいいでしょう。

語句 □manufacture「製造する」　□personal protective equipment「個人用防護具（PPE）」　※equipmentは「不可算名詞」
□medicine「医薬品」　□domestically「国内で」

> When the new coronavirus was spreading around the world, most countries did not have enough PPE. **Most of these items are manufactured in** China, or **in the case of** medicine, in China or India.
>
> 新型コロナウイルスが世界中でまん延しつつあったとき、大半の国にはPPEが十分になかった。そうした製品のほとんどは中国で製造され、医薬品に関しては中国やインドで製造されているのだ。

実際に起きたこととして、spread around ～「～に広まる」を進行形（the new coronavirus was spreading around the world）も使うことで、ジワジワと広まっていく様子を書いています。ここはさすがに細かいですが、長文でも出そうな内容なのでしっかり読み込んでおきましょう。

語句 □spread around ～「～に広まる」　□item「製品」
□in the case of ～「～に関しては」

> Since China and later India were themselves **struggling with the virus**, they limited exports, so other countries could not get these things.
>
> 中国やのちのインドもウイルスと闘っていたため、輸出品を制限した。そのため、他の国々はそうした輸出品を得ることができなかったのだ。

sinceが「理由」を表すときは、「（ご存じのように）～だから」というニュアンスがあります。struggle with the virus「そのウイルスと闘う」の使い方はあまり知られていませんが大切です（struggle with illness「病気と闘う」などとよく使われます）。

語句 □since sv「svなので」　□oneself「（主語を強調して）自分自身が」
□struggle with ～「～と闘う」　□limit「制限する」
□export「（通例exportsで）輸出品」

> The shortage of PPE most certainly **contributed to the rapid spread of the virus** outside of China, so to avoid this problem in the future, countries should manufacture PPE and drugs domestically, even if it is more expensive.
>
> PPEが不足したことで中国国外で急速にウイルスがまん延したことはほぼ間違いないので、将来この問題を回避するためには、より高くつくにしても各国はPPEや医薬品を国内で製造するべきだ。

contribute to ～ は「～に貢献する」が有名ですが、この文のように因果を表すこともよくあるんです（原因 contribute to 結果 の形で使う）。後半のsoの後は、不定詞の副詞的用法（to avoid this problem in the future）の後に、主節（countries should manufacture ～）がきています。

最後のeven if it is more expensiveは「高いだろ」という反論があることを予想して、「そんなことはわかっているけど、ここでケチると命の危険が」ということを表しています（もちろん無理して入れる必要はありません）。

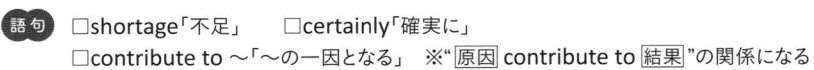

語句　□shortage「不足」　　□certainly「確実に」
□contribute to ～「～の一因となる」　※"原因 contribute to 結果"の関係になる
□rapid「急速な」　　□spread「まん延」　　□avoid「避ける」　　□drug「医薬品」

LESSON ✦ 10 　解説——ビニール製の買い物袋

✦ この問題に取り組む意義

　環境問題は常に入試の頻出テーマですが、「プラスチック汚染」が長文で非常によく出ている中、東大が英作文で出題した（2019年）ことを皮切りに、今後こういったテーマが激増していくものと予想できます（今回はプラスチック汚染がテーマではありませんが、そのテーマにも使える解答を用意したので、しっかり対策ができます）。

　ちなみに今回の問題でplasticは「ビニール製の」という意味で使われています。会話問題で、Paper or plastic?と店員が言ったら、それは「紙袋、それともビニール袋？」と聞いているわけです。

🔍 問題文を分析！

次のテーマで100〜150程度のエッセーを英語で書きなさい。

Should stores stop providing plastic shopping bags? State

your opinion clearly and give reasons for it.

「理由」は複数書く

[問題文和訳]

　店は、ビニール製の買い物袋の提供をやめるべきか。意見を明確にし、その理由を述べなさい。

📈 戦略を立てよう！

①反対したっていいのに…

　自由英作文は賛成・反対どっちの立場に立っていいにもかかわらず、こういっ

たテーマになると誰もが環境に優しい意見を書こうとします。もちろんきちんと書ければいいのですが、無理をする必要はありません。書きやすい方を選ぶべきです。

②無理にきれいごとを書く必要はない

　環境問題に触れるときは、それ相応の表現を事前に習得しておかないといけません。そうした知識が足りない人は解答例(1)で学んでください。

　この問題に取り組んだ時点ではその対策ができていなかった人が多いでしょう。その場合、解答例(2)のように、「便利かどうか」「コストはどうか」という観点から考えていくべきです。

　とにかく「優等生的な意見」に縛られて、きれいごとだけを書こうとして自滅することがないようにしてください。

日本では2020年の「有料化」が話題になりましたが、世界中では「そもそもやめるべき」という意見もあるんです！

解答例（1）　ビニール袋をやめるべき

> まず「意見提示」

I think stores should stop providing plastic shopping bags to customers.

> 理由①

It is true that plastic bags are strong and durable.

> 譲歩

That is a big advantage when people use them, but it is a

> 主張

terrible disadvantage of plastic bags when people throw them away. In Japan, a lot of plastic is recycled, but in some parts of the world, all trash is simply put into landfills. **Whereas a paper bag decomposes after just a few weeks, plastic bags take many years to break down.**

> 理由②

There is so much plastic trash in the oceans, too.

> 2つ目の理由の目印

It seems like every week there is an article in the newspaper about how an animal such as a whale is found dead with a massive amount of plastic in its stomach.

Because plastic shopping bags often end up harming the

> 最後に「まとめ」

environment, I think stores should stop providing them to customers, even if it is inconvenient. (150 words)

解答例詳解

I think stores should stop providing plastic shopping bags to customers.

私は、店は客にビニール製の買い物袋を提供するのをやめるべきだと思う。

I thinkで意見提示です。その後は問題文に答える形でstores should stop 〜 と続ければOKですね。

It is true that plastic bags are strong and durable. That is a big advantage when people use them, **but** it is a terrible disadvantage of plastic bags when people throw them away.

確かに、ビニール袋は破れにくくて長持ちする。それは、人々が使用する際には大きなメリットであるが、人々がそれを捨てる際には、ビニール袋の大きなデメリットになる。

It is true that 〜「確かに〜」から譲歩しています（相手の反論を先取りしているわけです）。but以降で主張です。個人的な好みですが、a big advantageとa terrible disadvantageの対比がいいなあと思いますね。

In Japan, **a lot of plastic is recycled**, but in some parts of the world, all **trash is simply put into landfills**. Whereas a paper bag decomposes after just a few weeks, **plastic bags take many years to break down**.

日本では、多くのプラスチックが再利用されているが、世界の一部では、すべてのごみが埋め立てごみ処理場に詰め込まれている。紙の袋がたった2〜3週間で自然に戻るのに対し、ビニール袋が分解するには何年もかかる。

かなり難しいですが、プラスチック汚染の話で重宝するので、しっかり読み込んで、書けるようにしておきたい英文です。こちらは「陸」の汚染の話で、次の文は「海」につながります。

There is so much plastic trash in the oceans, too. It seems like every week there is an article in the newspaper about how **an animal such as a whale is found dead with a massive amount of plastic in its stomach**.

海中にも、あまりにも多くのプラスチックごみが存在する。クジラなどの動物が、大量のプラスチックがお腹に

入った状態で死んでいるのが見つかった様子についての新聞記事が、毎週出ているようだ。

ここも書けるようにしておきましょう。It seems like ～「～のようだ」は、前置詞likeの後に名詞がくるのが原則ですが、SVが続くパターンも容認されており、このように使ってOKなんです。

 □seem like sv「svのように見える」　　□article「記事」　　□whale「クジラ」
□a massive amount of ～「大量の～」　　□stomach「腹」

Because plastic shopping bags often **end up harming the environment**, I think stores should stop providing them to customers, even if it is inconvenient.

ビニール製の買い物袋は、結果的に環境に悪影響を与えることが多いので、それが不便だとしても、店は客にビニール袋を提供するのをやめるべきだと思う。

「結局は環境を害する→やめよう」というまとめです。今回の英文は譲歩を入れたり、陸の汚染、海の汚染から論じました。また、内容も詰め込みました。とにかくプラスチック汚染の話は超頻出なので、この機会にたくさんの内容を書けるようにしてほしいところです。

ちなみに、end up -ing「結局～することになる」は受験では強調されませんが、実際の英語では多用されますし、英作文で非常に便利な表現です。

 □end up -ing「結局～することになる」　　□harm「害を与える」
□environment「環境」　　□inconvenient「不便な」

3

注目テーマ

解答例（2） ビニール袋をやめるべきではない

まず「意見提示」

I do not think stores should stop providing plastic shopping
bags to customers.

理由①

It is said that plastic waste is bad for the
environment, so if people can bring their own bag to the

譲歩

store, that is ideal. However, bringing your own bag is not

主張

always convenient. If the customer does not have a bag, it
would mean they cannot buy anything, and the store would

理由②

lose money. Some stores provide paper bags instead of
plastic ones, but plastic bags are lighter and stronger than
paper bags, and they stay strong, even when they are wet.

理由③

Moreover, plastic bags are cheaper for the store to buy than

3つ目の理由の目印

paper bags. That means that if the store has to give customers
paper bags instead of plastic ones, it will have to charge more
money for its merchandise. For all of these reasons, stores

まとめに入る目印

should continue to provide plastic bags to customers who want
them. (152 words)

解答例詳解

I do not think stores should stop providing plastic shopping bags to customers. **It is said that** plastic waste is bad for the environment, so if people can bring their own bag to the store, that is ideal. However, bringing your own bag is **not always convenient**.

私は、店は客にビニール製の買い物袋を提供するのをやめるべきだとは思わない。プラスチックごみは環境に悪いと言われているので、人々が自分の買い物袋を店に持っていけたら理想である。しかし、自分の買い物袋を持参するのは、いつも便利であるとは限らない。

このご時世、反対するのは難しいですが、こちらの方が書きやすい場合を想定して対策をしておきましょう。意見提示(I do not think)→一般論(It is said)→主張(However)という構成です。最後の文の部分否定(not always「いつも〜とは限らない」)は、英作文で重宝する表現です。

 語句　□It is said that sv「svだと言われている」　　□waste「ごみ」
□ideal「理想的な」　　□convenient「便利な」

If the customer does not have a bag, it would mean they cannot buy anything, and the store would **lose money**.

客が袋を持っていなかったら、何も買えないということになり、店も損をする。

Ifを使って具体的に展開していますね。英文全体としては、If 〜, it would mean …「(たとえば)もし〜だとしたら、それはすなわち…」という形です。ここまでは「不便」ということを理由に挙げています。

 語句　□lose money「損をする」

Some stores provide paper bags instead of plastic ones, but plastic bags are lighter and stronger than paper bags, and they stay strong, even when they are wet.

中には、ビニール袋の代わりに紙の袋を提供している店もあるが、ビニール袋は紙の袋よりも軽量かつ丈夫で、濡れても丈夫なままである。

「紙の袋でもいいだろう」という反論を先取りして、紙より軽くて耐久性があるという理由を挙げることで説得力を増しています。

 語句　□instead of 〜「〜の代わりに・〜ではなく」　　□light「軽い」
□stay 形容詞「形容詞のままである」

Moreover, plastic bags are cheaper for the store to buy than paper bags. **That means that** if the store has to give customers paper bags instead of plastic ones, it will have to charge more money for its merchandise.

さらにビニール袋は、店にとって、紙の袋よりも購入費用が安い。それはつまり、もし店がビニール袋ではなく紙の袋を提供しなくてはならないということになったら、商品に対してもっと高い値段を請求しないといけなくなるということだ。

「紙の袋になるともっとお金を払うのはみなさん（お客）なんですよ」というのは、きれいごとだけを言う人にガツンと対抗する意見ですよね。ちなみに最近は、一部のカフェでもプラスチックストローから紙のストローに変わっています。中には「飲みにくい」と文句を言う人もいますが、あれ、紙の方がはるかに高いんですよ。商品の値段を上げないのは企業努力によるものなので、なかなか浸透しないわけです。

語句 □moreover「さらに」　　□cheap「安い」　　□charge「請求する」
□merchandise「商品」

For all of these reasons, stores should continue to provide plastic bags to customers who want them.

以上の理由すべてから、店は、希望する客にはビニール袋を提供し続けるべきだと思う。

「不便・耐久性・コスト」などを理由に挙げていますが、この解答例は、消費者だけでなく店側のことにも触れているだけに、とても説得力があるものでした。

語句 □reason「理由」　　□continue to 原形「〜し続ける」

LESSON ✦ 11 ┃ 解説── 発明品

✦ この問題に取り組む意義

「発明品」は、自由英作文ではマニアックに思われるかもしれませんが、地味によく出ているテーマです。「世の中を変えたもの」をパッと言えることが重視されるのです。

かつ、ここで用意した解答は、いろいろなテーマで流用できるので、非常に良い問題なんです。

今回は一番オーソドックスな出題を採用しましたが、たとえば「ここ100年のうちで」「今世紀に入ってから」などの「制限」が問題文に加わることもあります（東北大では「飛行機とインターネット以外で」という制限があり、受験生を困らせたことがあります）。

3

注目テーマ

🔍 問題文を分析！

> 大げさなものを書く必要はない

あなたの身近にあるもののなかで、素晴らしいと思う発明を一つ挙げ、

その理由とともに80語以上の英語で説明しなさい。

📈 戦略を立てよう！

①「スマホ」なら書きやすい

問題文に「身近にあるもの」とあるので、大げさなものを書く必要はありません。まずはベタに「スマホ」を解答例とします。スマホなら「他の問題で用意した解答をそのまま流用できる」ことがあるからです。

②身近なものをよく見ておく

解答例(2)では「自動（ハンズフリー）の蛇口」を取り上げています（本当に身

近であればあるほど意外と良い意見になります）。この解答例は、「こんな取るに
足らないことを書いても OK」というお手本でもあります。身近な発明品は「電子
レンジ・エアコン・冷蔵庫・ウォシュレット・ATM」などいくらでもありますよ
ね。

　ちなみに東大・京大の長文問題でも「ドアノブの形」など身近なものに工夫が
凝らされているという内容の英文が出ています。日頃から観察眼を養うことを、
大学の先生は重視しているのかもしれませんね。

解答例(1)　スマホ

まず「意見提示」　　　　　　　　　理由①

I think the smartphone is a fantastic invention. **First, it does**

1つ目の理由の目印

the functions that we used to need many different devices

for. Of course, it is a mobile telephone, but it is also a music

player, a camera, and a device for sending e-mail. You can

even use it as a flashlight, and now people are using it instead

理由①をさらに詳しく述べる　　　　　　　　　　　　理由②

of a credit card to pay for things. **Moreover, it fits in your**

2つ目の理由の目印

pocket, so you can take it with you wherever you go.

(83 words)

3

注目テーマ

解答例詳解

I think the smartphone is a fantastic invention.
私は、スマートフォンは素晴らしい発明品だと思う。

まずは意見提示です。問題文に「素晴らしいと思う発明」とあるので、忠実にI thinkとfantastic inventionを使って書いています。

語句　□fantastic「素晴らしい」　　□invention「発明品」

First, **it does the functions that we used to need many different devices for**.
まず、スマートフォンは、かつて多くの異なる機器が必要としていた機能を果たしてくれる。

1つ目の理由です。do the functions that 〜「〜の機能を果たす」で、関係代名詞thatの後は、we used to need many different devices forとなっています。forの目的語the functionsが欠けた形で、「かつてはその機能のためにたくさんのデバイス(機器)が必要だった」ことを述べているわけです。かなり難しい文ですが、内容的に書けるようにしておくと絶対に有利です。

語句 □function「機能」　□used to 原形「かつて〜していた」　□device「機器」

Of course, it is a mobile telephone, but it is also a music player, a camera, and a device for sending e-mail.

もちろん、携帯電話なのだが、同時に音楽プレーヤー、カメラ、そしてEメールを送るための機器でもある。

「たくさんのデバイス（機器）」を具体化した内容です。ちなみに「インドではスマホを手にすることで、それが初めてのカメラにもなる」という英語ニュースを聞いたことがあります。発展途上国の人にとっては、この「たくさんの機能」の恩恵は計り知れないのです。

You can even use it as a flashlight, and now **people are using it instead of a credit card to pay for things**.

懐中電灯として使うことまででき、今では支払い用のクレジットカード代わりに使っている人もいる。

さらにevenを使って詳しく述べています。クレジットカードの発想は受験生にはないかもしれませんが、だからこそ覚えておきたい内容です。最後のthingsは「（総称的に）さまざまなモノ」という意味です。ちなみにpeopleはsome peopleの意味でも使えるので、ここではsome peopleと書いてもOKです。

語句 □flashlight「懐中電灯」　□instead of 〜「〜の代わりに・〜ではなく」
□credit card「クレジットカード」　□pay for 〜「〜の料金を支払う」

Moreover, it **fits in your pocket**, so **you can take it with you wherever you go**.

さらに、ポケットに入るので、どこへ行くのにも持って行ける。

Moreoverで2つ目の理由に入ります。fit in one's pocketも現代なら使い回せる表現ですね。ここまでで指定の80語以上になっているので、このままでもOKですが、たとえば以下のように、ちょっとした「まとめ的な感想」をつけ足すこともできます。

語句 □moreover「さらに」　□fit in 〜「〜に合う・入る」
□wherever sv「svする所はどこでも」

To be honest, I cannot imagine how people used to live without smartphones.

正直なところ、私は人々がかつてスマートフォンなしでどのように生活していたのか想像もできない。

1文目ではthe smartphone（theを使った総称用法）で、ここではsmartphones（無冠詞複数形による総称用法）にしてあります。

語句 □to be honest「正直に言って」　□imagine「想像する」

解答例（2）　ハンズフリーの蛇口

まず「意見提示」　　　　　　　　　　理由①

I think the hands-free faucet is a fantastic invention. With an

ordinary faucet, you have to touch it with your dirty hands to
従来の蛇口

turn it on. After you wash your hands, you have to touch the

dirty faucet again, so your hands become dirty. With a hands-

free faucet, you never have to touch it at all. This means your

理由②

新しい蛇口

hands are really clean after you wash them. In addition, the

2つ目の理由の目印

water stops when you move your hands away from the

faucet. **This saves water and is good for the environment,**

too. (91 words)

3
注目テーマ

 解答例詳解

I think the hands-free faucet is a fantastic invention.
私は、ハンズフリーの蛇口は素晴らしい発明品だと思う。

身近なものを取り上げた解答例です。「こんなことを書いていいんだ」という例です。

語句　□hands-free「ハンズフリーの・手を使わずに操作できる」　　□faucet「蛇口」

With an ordinary faucet, you have to touch it with your dirty hands
to turn it on. After you wash your hands, you have to touch the
dirty faucet again, so your hands become dirty.
従来の蛇口であれば、水を出すのに汚い手で触らなければならない。手を洗った後に、その汚い蛇口を再び触
らなければならないので、手が汚れてしまう。

まずは「従来の」蛇口を説明します。2つあるwithはどちらも「道具（〜を使って）」ですが、文頭の方は「使えば」と解釈するとわかりやすくなります。

□ordinary「普通の」　　□dirty「汚れた」　　□turn on「（水道などの栓を）ひねる」

With a hands-free faucet, you never have to touch it at all. **This means** your hands are really clean after you wash them.

ハンズフリーの蛇口なら、一切触れる必要がない。これはつまり、洗った後の手は本当に清潔であるということだ。

「新しい」タイプの蛇口を古いタイプのものと対比しているわけです。ここで強調しているclean「清潔な」は、衛生面・病気・社会問題などのテーマでも使うことができます（発展途上国で感染症が広まる大きな原因として、手洗いが浸透していない・できない環境が挙げられています）。

In addition, the water stops when you move your hands away from the faucet. **This saves water and is good for the environment**, too.

さらに、蛇口から手を離すと水が止まる。これにより、水が節約され、環境にも良い。

In additionで2つ目の理由に入ります。この理由は「環境問題」にも使えます。

□in addition「加えて」　　□move A away from 〜「Aを〜から離す」
□save water「水を節約する」

LESSON ✦ 12 　解説── 防犯カメラ

✦ **この問題に取り組む意義**

「防犯カメラの設置」なんて、随分とマイナーな話題だと思うかもしれません。本番で受けた受験生も面食らったことでしょう。確かに大学受験ではほとんど見かけませんが、実は資格試験やディベートでの定番テーマなんです。「防犯・プライバシー・身近なこと」すべてを満たしているため、議論のテーマになりやすいわけです。また、「防犯」関連の表現は少年犯罪、「プライバシー」関連の表現はSNSの問題にも流用できます。

🔍 問題文を分析！

> 最初は「背景説明」
>
> そのまま使わない→a/複数形のs
>
> 防犯やテロ対策のために、最近、多くの場所に防犯カメラ（security camera）が設置されるようになりました。一方で、プライバシーの観点から、防犯カメラを増やすことに反対する人もいます。あなたは、防犯カメラの増設に賛成ですか、反対ですか。理由をあげて60〜80語
>
> ここがメインの問題文！
>
> の英語で記しなさい。

📈 戦略を立てよう！

①防犯用語をマスターしておく

　この手のテーマの場合、ある程度「書きたいこと」はみんな同じでしょう。

　しかし対策をしていないと、表現を知らず、なかなか書けないものです。まずは「防犯関係」の表現を解答例でしっかりマスターしておきましょう。

②シンプルに考える

　賛否両論あるものが自由英作文のテーマとして出るわけですから、こういうときほど複雑なことを言おうとせず、単純な理由を考え、それを英語にすることに徹するようにしましょう。多少の反論を気にし出すと、英文が何を言っているのかわからなくなります。

「防犯カメラ」のような、「えっ、そんなの入試に出るの？」というテーマをきっちりと扱うのも、この本の強みなんです！

解答例(1)　防犯カメラ設置に賛成

まず「意見提示」

I think that it is a good idea to install security cameras in

理由①

public places. First, videos from security cameras can be used

理由②

1つ目の理由の目印

by the police to catch criminals and terrorists. In addition, if

2つ目の理由の目印

potential criminals know that there are security cameras

filming them, they might decide not to commit the crime in

the first place. In these ways I think security cameras in

public places make us safer. That is why I think it is good to

理由① ②のまとめ　　まとめに入る目印　　最後に「まとめ」

install security cameras.　　　　　　　　　　　　(81 words)

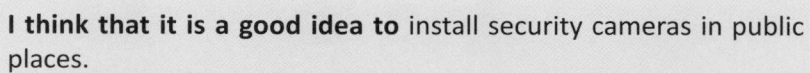

3

注目テーマ

解答例詳解

I think that it is a good idea to install security cameras in public places.

私は、公共の場に防犯カメラを設置するのは良い案だと思う。

まずは意見を提示します。「賛成・反対」形式の問題なので、I think that it is a good idea to ～ という定番表現が便利です。security cameraは複数形にして「総称（防犯カメラ全部）」で使っています。

語句　□install「設置する」　　□security camera「防犯カメラ」　　□public place「公共の場」

First, videos from security cameras can be used by the police to **catch criminals and terrorists**.

まず、防犯カメラによって記録された録画映像は、警察が犯罪者やテロリストを捕まえるために使うことができる。

1つ目の理由です。be used to 原形「〜するために使われる」の形です。by the policeを文末に置くと意味がわかりにくくなるので、be usedの直後に置いている（結果的にbe usedとtoの間に割り込んでいる）わけです。

> In addition, if **potential criminals** know that there are security cameras filming them, they might decide not to **commit the crime** in the first place.
>
> さらに、罪を犯す恐れのある人が、防犯カメラに撮られていることを知れば、そもそも罪を犯すことを思いとどまるかもしれない。

In additionで2つ目の理由をつけ足しています。potentialは「潜在的な」という意味ですが、potential＋名詞「もしかしたら名詞になる人・モノ」の使い方は便利ですよ。thereのところは、There is 名詞 -ing「〜している名詞がある」の形です。なかなか思いつかない表現方法かもしれませんが、だからこそここでしっかり読み込んでおいてください。

> **In these ways** I think security cameras in public places make us safer.
>
> これら（2つ）の点において、防犯カメラが公共の場に設置されれば、私たちはもっと安全になると思う。

make OCを使ったり、safeではなくsaferにしたりする点など、マネしたい英文です。

> **That is why** I think it is good to install security cameras.
>
> 以上の理由から、私は防犯カメラの設置に賛成である。

まとめですね。1文目（I think that it is a good idea to 〜）とまったく同じように見えて、微妙に形だけを変えています。別の表現を使って言い換えられないときには形だけでも変えてみることでバリエーション感を出せる、ちょっとした小技です。

解答例（2） 防犯カメラ設置に反対

> まず「意見提示」

I am against installing more security cameras in public places.

> 理由①

First of all, the cameras are supposed to prevent crimes, but

> 1つ目の理由の目印

actually, they can only record a video of a crime. Even if the

video helps the police catch the criminal, it is too late to help

> 理由②

the victim. Second, I think security cameras are an invasion

> 2つ目の理由の目印

of privacy. I do not like the idea of a stranger watching

everything I do. Therefore, I am against installing more security

> まとめに入る目印　　最後に「まとめ」

cameras. (80 words)

3

注目テーマ

 ## 解答例詳解

I am against installing more security cameras in public places.

私は、公共の場にこれ以上防犯カメラを設置するのには反対である。

| I am against -ing「私は〜することに反対です」という言い方です。

語句 □against 〜「〜に反対して」

First of all, the cameras **are supposed to prevent crimes**, but actually, they can only record a video of a crime.

何よりもまず、防犯カメラには犯罪の抑止が期待されているが、実際には、犯罪の様子を録画することしかできない。

1つ目の理由です。be supposed to 〜「〜すると思われている」は今回のように、「〜と思われている。しかし実際は（but actually）」という言い方にも使えて便利です。

119

語句 □first of all「まず第一に」　□be supposed to 原形「〜すると思われている」
□prevent「防止する」　□crime「犯罪」　□actually「実際のところ」
□record「録画する・記録する」

Even if the video helps the police catch the criminal, **it is too late to** help the victim.

その映像が警察の犯人逮捕に役立つとしても、被害者の救済には間に合わない。

少し難しい内容ですが、「これを言いたかった」という人も多いと思うので、書けるようにしておきましょう。It is too late to 〜「〜するには遅すぎる」は便利ですよ。

語句 □help 人 原形「人 が〜するのに役に立つ」　□victim「被害者」

Second, I think security cameras are **an invasion of privacy**.

次に、防犯カメラはプライバシーの侵害だと思う。

an invasion of privacy「プライバシーの侵害」はキラーフレーズですよね。さまざまな場面で使える気がします。

語句 □invasion「侵害」　□privacy「プライバシー」

I do not like the idea of a stranger watching everything I do.

私は、自分のあらゆる行動を面識のない人に見られるという考えには抵抗がある。

単に「プライバシーの侵害だ」というだけでは説得力がないので、もう1つ文を足しておきましょう。the idea of -ing「〜するという考え」で、-ingの前にa strangerという動名詞の意味上の主語がついた形です。

語句 □stranger「見知らぬ人」

Therefore, I am against installing more security cameras.

よって、私はこれ以上防犯カメラを設置するのには反対である。

まとめです。本当は1文目のバリエーションで、Therefore, I do not think it is a good idea to install more security cameras. くらいにしたかったのですが、指定の80語を超えてしまうので、仕方なく同じ文にしました。このくらいのバリエーションは簡単にマスターできるので、参考例として知っておいてください。

語句 □therefore「したがって」

CHAPTER
4

定番テーマ [1]
教育・語学系

▶ **攻略のコツ**

よく「外国人に質問されて初めて日本のことを考えた」という声を聞きますが、大学の先生からすれば「それくらいは受験対策中にしておいてね」と言わんばかりに、日本紹介、ことわざの説明が自由英作文で出ます。英語で紹介するにはどちらもコツが必要なので、その対策をしていきます。

▶ CONTENTS

✦　この問題に取り組む意義

　　留学から帰ってきた学生がよく口にする言葉に「日本のことを聞かれたときにうまく答えられなかった。実は日本のことを知らず恥ずかしい思いをした」というものがあります。これは「大学生あるある」なので、大学側が受験生に「日本のことを、簡単な英語で話せるようになってくださいね」という思いで、こういった問題を出すのは自然なことであり、最低限のことを問われているとも言えます。必ず対策をしておくべき問題です。

Q　問題文を分析！

最初は「状況設定」

Imagine that you are going to go on a trip to England on a

student exchange program. You will give a short talk about

your country. Write a speech for people from England

複数書く

that tells them some interesting or unique points about

the culture or customs of your country. Write about 100

ここがメインの問題文！　　　　「約」なので90〜120語が目安

words in English. The first sentence of the speech is given

for you on the answer sheet.

・以下のすでにある部分、およびピリオドやコンマなどの句読点は語数に含めません。

Today, I'd like to talk about my country.

(＿＿＿＿＿＿＿＿＿＿＿＿＿＿＿＿＿＿＿＿)

[問題文和訳]

　交換留学プログラムでイングランドへ行くと想像してください。あなたは母国について少し話すことになります。イングランドの人達に向けて、自国の文化や習慣に関して興味深い点や独特な点をいくつか伝えるスピーチを書きなさい。約100語の英語で書くこと。スピーチの最初の1文は解答用紙に示されています。

　今日は、私の国について話そうと思います。

📈 戦略を立てよう！

①身近なことでOK

　日本紹介は非常によく出るテーマです。大げさな話題を選ぶ必要はなく、解答例のように、ごく身近な話題でいいのです。

　解答例(1)で触れられているcleanliness「清潔さ」の話はよく出ますが、靴を脱ぐことやマスクを着けることからつなげることができますよね。

②スピーチだということを意識する

　解答例(1)のI hope ... から始まる最終文はまとめですが、この文章はスピーチという設定なので、英作文のように堅苦しく書く必要はないでしょう。スピーチだと意識すれば、こういった1文をつけ足すことができます。常に聞き手（you）を意識するといいでしょう。

解答例 (1)

スピーチの出だし　　　　　　イントロ

Today, I'd like to talk about my country. Many traditional

Japanese values are apparent in modern Japanese society.

具体例①

First of all, Japanese like to do things in groups. For example,

1つ目の具体例の目印　　　　　　具体例の具体化

school children clean the school together, and at many

schools they also help to serve school lunches. In this way

具体例の中でのまとめ

Japanese learn from an early age how to cooperate with

others.

具体例②

Another core Japanese value is cleanliness. For example,

2つ目の具体例の目印　　　　　　具体例の具体化

Japanese take their shoes off when entering a home or

school to prevent dirt from coming in.

I hope you have a chance to visit Japan someday to see these

スピーチのまとめ

things for yourself.　　　　　　　　　　　　　　(94 words)

解答例詳解

Today, I'd like to talk about my country.
今日は、私の国について話そうと思います。

今回は1文目が与えられていますが、これがない大学の方が多いです。こういうパターンの問題での書き出しとして知っておいてください。

語句　□would like to 原形 「〜したいと思う」

Many traditional Japanese values are apparent in modern Japanese society.

現代の日本社会には、多くの伝統的な日本の価値観が如実に現れています。

many＋複数形 → 具体化していく、というパターンです。value「価値観」は便利な単語です（漠然と「価値観」を表す場合は、複数形valuesで使われます）。

（語句）□traditional「伝統的な」　□value「価値観」　□apparent「明白な」
□society「社会」

First of all, Japanese like to do things in groups. For example, school children clean the school together, and at many schools they also help to serve school lunches.

まず何よりも、日本人は集団行動を好みます。たとえば、生徒は学校の掃除を共同でしますし、多くの学校では、給食の配膳も手伝います。

First of allで1つ目の具体例を挙げて、その後にFor exampleで「さらに具体化」しているわけです。学校の掃除や給食は日本紹介として良いネタになります。

（語句）□in groups「集団で」　□help to 原形「〜するのを手伝う」
□serve「（食事を）出す」

In this way Japanese learn from an early age how to cooperate with others.

このように、日本人は幼いうちから、他の人と協力する方法を学ぶのです。

つなぎ語としてIn this wayは便利なので、使えるようにしておくといいでしょう。

learnの目的語はhow to cooperate with othersです（間にfrom an early ageが割り込んでいます。learnを修飾することをハッキリさせるためです）。

（語句）□in this way「このように」　□cooperate with 〜「〜と協力する」

Another core Japanese value is cleanliness.

もう1つの中心となる日本の価値観は、清潔さへのこだわりです。

Anotherで2つ目の具体例を出しています。「anotherの後ろにくる名詞は単数形」ということにも注意してください（ここではvalueで1つの価値観を示しています）。元々an＋otherなので、anを

4

定番テーマ
[1]

125

意識して単数形にします。

 語句 □core「中心的な」　□cleanliness「清潔さ」

For example, **Japanese take their shoes off when entering a home or school** to prevent dirt from coming in.

たとえば日本人は、家や学校に入るとき、汚れが中に入るのを防ぐために靴を脱ぎます。

このFor exampleも「具体例のさらに具体化」です。日本人が靴を脱ぐ習慣には諸説あるでしょうが、今回のような考えは簡単であり、意外と外国人受けがいいんです。

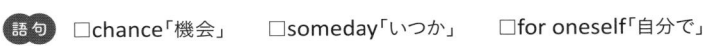 語句 □take A off「Aを脱ぐ」　□enter「～に入る」
□prevent 人 from -ing「人が～するのを防ぐ」　□dirt「汚れ」

I hope you have a chance to visit Japan someday to see these things for yourself.

みなさんにも、いつか日本を訪れてこのようなことをご自分の目で見ていただく機会があればいいなと思います。

スピーチであることを踏まえて、こういった1文をつけ足すのがオススメです。

語句 □chance「機会」　□someday「いつか」　□for oneself「自分で」

解答例(2)

スピーチの出だし　　　イントロ

Today I'd like to talk about my country. In particular, I'd like to talk about things that Japanese have borrowed and modified from other cultures.

具体例①

First, Japan imported Buddhism from China more than a thousand years ago. 【1つ目の具体例の目印】 At the same time, Japanese people started to use Chinese characters for writing. **Modern Japanese now uses a combination of Chinese characters and unique Japanese characters.**

具体例②・③

Other things that Japanese have borrowed include foreign 【2・3つ目の具体例の目印】 cuisine and western clothes. Now people all over the world eat Japanese curry and pay attention to trends in Harajuku fashion.

(84 words)

解答例詳解

Today I'd like to talk about my country. In particular, I'd like to talk about **things that Japanese have borrowed and modified from other cultures**.

今日は、私の国について話そうと思います。特に、日本人が他の文化から取り入れて変化を加えたものについて話そうと思います。

解答例(1)よりも広い視点から論じる英文です(他のテーマにも流用しやすい内容です)。

4

定番テーマ
[1]

First, **Japan imported Buddhism from China more than a thousand years ago**. At the same time, Japanese people started to use **Chinese characters** for writing.

まず、日本は1000年以上前に中国から仏教を輸入しました。同時に、日本人は筆記用に漢字を使い始めました。

今はこういった英文を書くのが大変でしょうが、使い回せるネタなのでしっかり練習しておいてください。また、正確な年号を書く必要がなければ、今回のようにmore than 〜「〜以上」を使ってしまえばいいのです。

語句 □import「輸入する」　□Buddhism「仏教」
□more than 〜「〜より多く・〜以上」　□Chinese character「漢字」

Modern Japanese now uses a combination of Chinese characters and unique Japanese characters.

今は、現代の日本語は、漢字と日本固有の文字を組み合わせて使っています。

nowは「(昔と違って)今は」という意味で使うと効果的です。

語句 □modern「現代の」　□combination「組み合わせ」　□unique「特有の」

Other things that Japanese have borrowed **include** foreign cuisine and western clothes.

他に日本が取り入れたものに、外国の料理と洋服があります。

ここから2つ目の具体例です。解答例(1)ではanother 〜を使いましたが、似たパターンとして、今回のother things 〜 という使い方もあります。動詞includeは「含む」とばかり習いますが、S include 〜「Sの例として、たとえば〜がある」という使い方は便利ですよ。

語句 □cuisine「料理」　□western clothes「洋服」

Now people all over the world eat Japanese curry and **pay attention to trends** in Harajuku fashion.

現在、世界中の人々が日本のカレーを食べたり、原宿ファッションの流行に注目したりしています。

このNowも「(昔と違って)今では」という感じですね。pay attention to ～ は「～に注意する」で
もいいのですが、「～に注目する」というニュアンスを知っておくといいでしょう。

 □pay attention to ～「～に注目する」　　□trend in ～「～の流行」

I hope you have a chance to visit Japan someday to see these
things for yourself.

みなさんにも、いつか日本を訪れてこのようなことをご自分の目で見ていただく機会があればいいなと思いま
す。

前の文までで十分ですが、少し語数が少ないので、解答例(1)のように最後に締めを書くなら、こ
のような文を足すといいでしょう。

 □chance「機会」　　□someday「いつか」　　□for oneself「自分で」

✦ この問題に取り組む意義

「ことわざ」の説明・意義などを書かせる問題は、（東大が出題することがあるせいか）全国の大学に広まりつつあります。そもそも今回のような重要なことわざは受験生は知っておかないといけないのですが、今後はそのことわざを英語で説明する力も必要となります。

🔍 問題文を分析！

> 「約」なので45〜60語が目安

Choose one of the proverbs below. Write approximately

50 words in English to explain what it means and discuss

> ことわざの意味の説明

whether the idea is still important in modern Japanese

> 大事かどうか

society.

1. Actions speak louder than words.

2. Do not cry over spilt milk.

3. Strike while the iron is hot.

4. The early bird catches the worm.

[問題文和訳]

　以下のことわざから1つ選んで、50語程度の英語でその意味を説明し、その考えが現代の日本社会でも今なお重要かどうか論ぜよ。

1. 行動は言葉よりも雄弁なり。

2. 覆水盆に返らず。

3. 鉄は熱いうちに打て。

4. 早起きは三文の得［徳］。

📈 戦略を立てよう！

①ポイントは3つ

　問題文では「ことわざの意味の説明」と「大事かどうか」の2つを論じることが求められていますが、当然「論じる」わけですから、「その理由・具体例」も必要で、3つのポイントを書くことになります。しかもたった50語で書く以上、1つのポイントは1文〜2文程度で書きましょう。

②ことわざの意味の説明パターンは？

「ことわざの意味の説明」は、「比喩を説明する」「具体⇔抽象の変換」を使います。また、説明の出だしは、This proverb means that 〜「このことわざの意味は〜」が便利なので、確実にマスターしてもらうため解答例で使いまくります。

上の「説明パターン」を意識しないと、グダグダの答案になってしまいます。この本でしっかり戦略を立てられるようにしましょう！

4

定番テーマ
[1]

解答例（1）

1. Actions speak louder than words. ことわざの説明

This proverb means that what someone does is more

important than what they say they are going to do. I think 具体例

「大事かどうか」の意見提示 this is still very important. For example, people can complain

about something in a Facebook post, but if they don't take

action, nothing will change, and the words are meaningless.

(51 words)

 解答例詳解

1. Actions speak louder than words.
This proverb means that what someone does is more important
than what they say they are going to do.

1. 行動は言葉よりも雄弁なり。
このことわざは、やるつもりだと人が言っている内容よりも、その人の行動の方が重要だという意味である。

Actions→what someone does、words→what they say they are going to doと言い換えています。また、speak louder→is more importantと比喩を説明しています。

 □proverb「ことわざ」

I think this is still very important.
私は、これは今でも非常に重要なことだと思う。

まずは問題文のwhether the idea is still importantにきっちり答えています。こういう地味に見えることをきっちりやることが、「構成」において一番大事なことなんです。

語句　□still「依然として」

> For example, people can **complain about something in a Facebook post**, but if they don't take action, nothing will change, and the words are meaningless.
>
> たとえば、人々はFacebookの投稿で何らかの不満を言うことはできるが、行動を起こさなければ、何も変わらず、その言葉は何の意味も成さない。

具体例にFacebookを使うことで、問題文(in modern Japanese society)に対する「現代感」を出しています。「Facebookほど有名なものは説明なしで使ってOK」というのは自由英作文の暗黙の了解なので、知っておいてください（どこからが有名かの線引きはこの本の解答例を参考にしてください）。

語句　□complain about 〜「〜について文句を言う」　□post「投稿」
　　　□take action「行動を起こす」　□meaningless「意味を成さない」

解答例（2）

2. Do not cry over spilt milk.

ことわざの説明

This proverb means that after something bad happens, there

is no benefit to feeling sad about it or wishing that it didn't

「大事かどうか」の意見提示

happen. This proverb is still important. If I am not accepted

具体例

to the university I want to go to, I have to accept it and then

decide what to do.

(52 words)

 解答例詳解

2. Do not cry over spilt milk.
This proverb means that after something bad happens, **there is no benefit to** feeling sad about it or wishing that it didn't happen.

2. 覆水盆に返らず。
このことわざは、何か悪いことが起こった後に、それについて悲しんだり、それが起こらなければ良かったのにと願ったりしても、何のメリットもないという意味だ。

この解答例でも、This proverb means that 〜 でことわざの説明を始めていますね。こういう「出だし」に使える表現は本当に便利なので必ずマスターしておきましょう。

語句 □spilt「こぼれた」　　□benefit to 〜「〜の利点」
　　　 □wish {that} sv「svと願う」　※今回はthat節内は仮定法過去なので「過去形」

This proverb is still important. If **I am not accepted to the university** I want to go to, I have to accept it and then decide what to do.

このことわざは、今なお重要なことである。もし私が希望の大学に受からなかったら、私はそれを受け入れて、その後、何をするべきか判断しなくてはならない。

まずは「大事だ」と意見を述べて、その後の具体例がくるわけですが、今回のように、Ifで始めると、自然な具体例を出しやすいです。「たとえばもし〜という状況なら」という具合にネイティブがよく使う表現なんです（長文でも「具体例のIf」はよく使われ、その場合、for exampleは書かれないことが多いのです）。ちなみに、最初のacceptedは「大学に受け入れられる」、後ろのacceptは「状況を受け入れる」という意味です。

 □be accepted to 学校 「学校 に受け入れられる（入学許可される）・合格する」
　　　　□accept「受け入れる」　　□decide「決める」

4

定番テーマ
[1]

解答例（3）

3. Strike while the iron is hot. ことわざの意味の説明

This proverb means that the perfect conditions to do something

do not last long, and that when the conditions are right,

you should take action without hesitating. I think this is still

「大事かどうか」の意見提示   具体例

important in modern Japanese society. For example, this

thinking could apply to buying an item when it goes on sale.

(52 words)

解答例詳解

3. Strike while the iron is hot.
This proverb means that the perfect conditions to do something
do not last long, and that when the conditions are right, you should
take action without hesitating.

3. 鉄は熱いうちに打て。
このことわざは、何かをやるのに完璧な状況は長くは続かず、状況が整っているときには、ためらわず行動を起
こすべきだという意味だ。

「鉄が熱い」→「良い状況・チャンス」、「打て」→「行動を起こせ」と説明しています。最後の
without hesitating「ためらわずに」のように、without -ingは意外と広くいろんな場面で役立ち
ますよ。

語句 □strike「打つ」　　□iron「鉄」　　□last「続く」　　□condition「状況」
　　　□take action「行動を起こす」　　□hesitate「ためらう」

I think this is still important in **modern Japanese society**. For
example, **this thinking could apply to** buying an item when it goes

on sale.

これは現代の日本社会でも今なお重要だと思う。たとえば、この考えは、ある商品がセールになったら購入するという行為に当てはまる。

かなり身近な例を使いました。どうしても立派なことを書こうとすると、「英語にするのが難しい」「抽象的になって指定語数に収まらない」ということがよく起きるので、これくらい一気に具体化する（身近なものを使う）発想を身につけておくと便利ですよ。

語句 □modern「現代の」　　□apply to ～「～に当てはまる」　　□item「商品」
□on sale「セール中で・特価で」

4

定番テーマ[1]

4. The early bird catches the worm.   ことわざの意味の説明

This proverb means that a person who wakes up early and

starts working can have more opportunities than someone

「大事かどうか」の意見提示

who is slow or lazy. This idea is important for people who   具体例

want to buy scarce items. **For example, at the beginning of**

the coronavirus pandemic, people had to line up very early

to buy face masks.   (56 words)

💡 解答例詳解

4. The early bird catches the worm.
This proverb means that a person who wakes up early and starts working can have more opportunities than someone who is slow or lazy.

4. 早起きは三文の得[徳]。
このことわざは、早起きして活動を始める人には、のろのろしている人や怠惰な人よりも、機会がたくさんあるという意味だ。

このことわざの直訳は「早く起きる鳥は(エサとなる)虫を捕まえる」です。説明としては単に「早起きするとメリットがある」で十分ですが、今回のように自分なりの場面設定・補足があってもOKなんです。

語句 □worm「虫」　　□opportunity「機会」　　□lazy「怠惰な」

This idea is important for people who want to buy scarce items.
この考えは希少な商品を買いたい人にとって重要だ。

「メリット」を具体化して、「物の購入」に触れています。ここで漠然と「物」としておくことで、次のさらに具体的な物を述べる文につなげればいいのです。This idea is 形容詞 for 人 「この考えは 人 にとって 形容詞 だ」は、こういった「考え・概念・行動指針」などを語るときに便利な表現です。

 □scarce「不十分な・希少な」　□item「商品」

> For example, at the beginning of the coronavirus pandemic, people had to line up very early to buy face masks.
>
> たとえば、コロナウイルスが広がり始めたとき、人々はマスクを買うために、とても朝早くから列に並ばなければならなかった。

どうしても、ことわざの意味の説明になると、教科書に出てくるような例・エピソードにとらわれてしまうのですが、「具体例は身近な方がいい」ので、あえて（もうとっくにマスク不足は起きてないのは承知で）コロナ禍のマスク不足を例に出してみました。この記憶は当分残る（おそらく2040年くらいまで）でしょうから、もちろんみなさんも受験本番でそのまま書いてOKですよ。

 □line up「列に並ぶ」　□face mask「マスク」　※surgical maskと言うときもあります。

4

定番テーマ[1]

✦ **この問題に取り組む意義**

外国語と言えば、どうしても英語ばかりが目立ってしまうわけですが、そんな中であえて他の言語のことも考えられる受験生が求められます。

今回学ぶことは「英語教育論」などにも流用できるでしょうし、何より大学に受かったとき、多くの人が「第二外国語に何を選べばいいの？」という疑問を持ちますので、今のうちに考えておいて損はないですよ。

🔍 問題文を分析！

状況設定

If you are to study a foreign language other than English,

which language would you like to choose? State your

メインの問題文！

choice and explain your reason(s) within 60−80 words.

60〜80語で書く

Write your answer in English.

[問題文和訳]

もし英語以外の外国語を勉強することになったら、どの言語を選ぶか。選んだ言語を述べ、その理由を60 〜 80語で説明しなさい。解答は英語で書くこと。

📈 戦略を立てよう！

①語数が少ないからといって、理由をカットするのはNG

やや少なめ（60 〜 80語）の出題だと、つい気が抜けてしまうこともありますが、根拠が薄くなるような答案は書かないように気をつけましょう。「書くことが、

ほんの気持ち減る程度」で、いつも通りに臨んでください。つまり理由は2〜3つ、それぞれに＋αの文を足すつもりで書くようにしてください（問題文にはreason(s)とあるので「1つ」でもOKですが、それでも当然、＋αは必要になります）。

②中学生が言いそうなことで十分

テーマ自体は難しくないので、つい凝った内容を書こうとして英語を難しくしてしまう、なんてことがないように気をつけてください。

入試ではきちんと理由を書かなきゃいけませんが、実際に入学したら、適当に選んでもいいのでは？
「自分が旅行したい国の言葉」というのが一番モチベーションが上がるものですよ（ボクはフランス語でした）。

解答例（1）　中国語を選ぶ

まず「答え」

理由①

I would like to study Chinese.　My primary reason is that it will

主な理由（1つ目の理由）

be useful for me in my business career. I would like to work at

a company that does business in China. Many Japanese

manufacturing companies have factories in China, and other

理由②

companies have Chinese suppliers or customers.　Also, in this

2つ目の理由の目印

era of globalization, it is important to have good relations

with our neighbors, and knowing the language is essential

for establishing good relationships.　　　　　(76 words)

 ## 解答例詳解

I would like to study Chinese.
私は中国語を勉強したい。

問題文which language <u>would you like to</u> choose? にそのまま答える形が、この文です。chooseもそのまま使っていいのですが、studyでバリエーションをつけてみました（そもそもstudyの方がなじみがありますよね）。

My primary reason is that it will be useful for me in my business career.
主な理由は、ビジネスキャリアに役立つからだ。

primaryには「主要な」と「最も重要な」という意味があり、日本人を困らせる単語ですが、基本「最も重要な」で置き換えてもいいときに使ってください。今回なら、My primary reason = My most important reasonです。また、My primary reason is that ～ とthatもきちんと使いましょう（The reason is because ～は避けてください。詳しくは216ページ参照）。

□primary「主要な・最も重要な」   □career「経歴」

> I would like to work at a company that does business in China. Many Japanese manufacturing companies have factories in China, and other companies have Chinese suppliers or customers.
>
> 私は中国で事業を展開している会社で働きたいと思っている。多くの日本のメーカーは中国に工場を持っていて、中国に仕入先や顧客を抱えている会社もある。

「キャリアに役立つ」という内容を補強しています。「役立つ」→「なぜかと言うと中国ビジネスに関わりたい」→「なぜかと言うと日本の会社が関係しているから」と、どんどん掘り下げていく感じです。

語句 □do business「ビジネスを行う」   □manufacturing companies「メーカー」
□supplier「仕入先」   □customer「客」

> Also, **in this era of globalization**, **it is important to have good relations with our neighbors**, and knowing the language is essential for establishing good relationships.
>
> また、このグローバル化の時代に、隣国と良い関係でいることは重要であり、その国の言語を知っていることは、良い関係を築くのにとても重要である。

Alsoで2つ目の理由に入ります。「グローバル時代」→「隣国との関係大事」→「その言語も大事」という掘り下げを1文で書いています。この英文(特に前半)はいろいろなテーマで使い回せますよ。

語句 □era「時代」   □globalization「グローバル化」
□have 形容詞 relations with ～「～と 形容詞 な関係を持つ」
□neighbor「隣国」   □essential「不可欠な・とても重要な」
□establish「築く」   □relationship「関係」

4

定番テーマ [1]

解答例（2）　スペイン語を選ぶ

If I were to study a foreign language other than English, I would
〔まず「答え」〕
study Spanish. **First,** hundreds of millions of people around
〔1つ目の理由の目印〕
the world speak Spanish, so it is very useful. **Next,** I have
〔2つ目の理由の目印〕
heard that Spanish is easy for Japanese people to pronounce,
so I wouldn't be frustrated studying Spanish. **Finally,** there are
〔3つ目の理由の目印〕
actually a lot of people who speak Spanish in Japan, so I would
like to be able to speak with those people, too.　　(77 words)

〔理由①〕　〔理由②〕　〔理由③〕

解答例詳解

If I were to study a foreign language other than English, I would
study Spanish.
私が英語以外の外国語を学ぶとしたら、スペイン語を勉強するだろう。

出だしは解答例（1）と同じでもいいのですが、ここでは少し高度なパターンとして仮定法の文で
始めています（If s were to 原形, S would 原形.）。このwere toを使った仮定法は「（実現の
可能性に関係なく）あくまで"仮の話"として考えた場合」に用いられるものです。「実際に英語以外
の言語を選ぶことが、今後あるのかないのかの可能性は一切考えず、あくまで仮定として述べると
…」という感じです。

語句　□other than ～「～以外」　　□Spanish「スペイン語」

First, **hundreds of millions of people around the world** speak
Spanish, so it is very useful.
まず、世界中の何億人もの人々がスペイン語を話しているので、とても役に立つ。

今回の解答は、First、Next、Finallyと3つの理由をテンポ良く述べるもので、この文のような軽め

の理由も十分許容範囲です。

 □hundreds of millions of 〜「何億もの〜」

> Next, **I have heard that** Spanish is easy for Japanese people to pronounce, so I wouldn't be frustrated studying Spanish.
>
> 次に、スペイン語は日本人が発音しやすいと聞いたことがあるので、スペイン語の勉強をしながらイライラすることはないだろう。

「スペイン語の発音は簡単」という事実に自信がない場合、今回のように、I have heard that 〜「〜と聞いたことがある」を使うのはとても便利なテクニックです（ちなみに本当に簡単で、ボク自身もバルセロナやマドリードでスペイン語を使ったことが何度もありますが、短い文なら難なく通じました）。

 □pronounce「発音する」
　　　□frustrate「挫折感を与える・イライラさせる」
　　　　※直後のstudyingは「分詞構文（〜しながら）」。分詞構文が後ろにきたときは「必ずコンマが必要」と思っている受験生が多いのですが、実際にはコンマはなくてもOKです。

> Finally, there are actually a lot of people who speak Spanish in Japan, so I would like to be able to speak with those people, too.
>
> 最後に、日本にはスペイン語を話す人が実際にたくさんいるので、彼らと話せるようにもなりたいのだ。

「世界」「自分」に目を向けてきて、最後の理由は「日本国内」でのことです。このようにさまざまな角度から理由を挙げると視野の広さを印象づける答案になります。

 □actually「実際には」

4

定番テーマ
[1]

✦　この問題に取り組む意義

　受験生は大学に入ることに一生懸命ですから、漠然と「留学したいなあ」と思っていても、具体的に考える機会は少ないものです。

　しかし、入試では「考えておきなさい」と言わんばかりに「留学」をテーマにした問題が出ます。また、似た出題として「大学在学中に留学を必修にすべきか？」という問題が早稲田大学や明治学院大学で出ています。

　「留学」は頻出テーマであり、さらに英語・学生生活を論じることになるので、ここで用意した解答は他でも使えるはずです。

🔍 問題文を分析！

以下のトピックについて、50語以上70語以内の英文で答えなさい。

最初は「背景説明」

The Japanese government now encourages students to

study abroad. Discuss the advantages and disadvantages

「メリット」と「デメリット」を述べる

of studying abroad.

[問題文和訳]

　日本政府は現在、学生の海外留学を奨励している。海外留学のメリットとデメリットについて論ぜよ。

📈 戦略を立てよう！

①「語学・言語」のことばかりを語る必要はない

　単に advantage と disadvantage という「漠然」としたパターンなので、外国語の話ばかりでなく、いろいろな角度から好きに考えて OK です。

②構成を考えよう

　とりあえず 60 語を目安として、advantage と disadvantage を述べるので、それぞれ 30 語、つまり 2 〜 3 文のイメージです。もちろんきれいに半々にする必要はなく、多少どっちかに偏ってもかまいません（ただし極端に偏るのは危険です）。

> ボク個人の本音は「留学不要」です。決して「するな」ということではなく、「留学しなくてもボクくらいは英語ができるようになるよ」という考えで、それを伝えるのがボクの仕事でもあると考えています。

解答例（1）　英語の勉強の賛否

> メリット
>
> **Studying abroad is an excellent way for students to use English for actual communication.** While studying abroad, students usually make foreign friends, and if they keep in touch after returning to Japan, it will motivate them to keep up their English.　On the other hand, if there are a lot of other Japanese
>
> デメリット
>
>  デメリットに移る目印
>
> students on the program, the Japanese students might end up just speaking in Japanese all the time.
>
> (70 words)

 解答例詳解

Studying abroad is **an excellent way for students to use English for actual communication**.

海外留学は、学生が英語を実際のコミュニケーションで使うのに最適な方法だ。

まずは「メリット」からです。a way for 人 to ～「人が～するための方法」という形はかなり便利な表現です。use English for actual communicationも「英語教育」の話で重宝するはずです。

語句 □study abroad「海外留学する」　　□excellent「素晴らしい」
□a way for 人 to 原形「人が～するための方法」　　□actual「実際の」

While studying abroad, students usually make foreign friends, and if they **keep in touch** after returning to Japan, it will motivate them to keep up their English.

海外留学中、学生はたいてい外国人の友達を作るだろうし、日本に帰国した後も連絡を取り続けたら、英語力を維持するモチベーションになるだろう。

「外国人の友達ができる」と、さらには「その友達が刺激になる」という2つのメリットを挙げています。

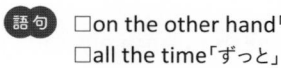 □while -ing「〜している間」　□foreign「外国の」
□keep in touch「連絡を取り合う」　□return to 〜「〜に帰る」
□motivate 人 to 原形「人 が〜するやる気を起こさせる」
□keep up「維持する」

> **On the other hand,** if there are a lot of other Japanese students on the program, the Japanese students **might end up just speaking in Japanese all the time**.
>
> 一方で、そのプログラムに日本人学生がたくさんいたら、日本人学生はただずっと日本語で話すだけで終わるかもしれない。

On the other handで、反対のこと(ここではデメリット)を挙げることを明示しています。

end up -ing「結局〜することになる」は、英作文で非常に便利な表現でしたね(105ページ)。また、mightを使って「もしかしたら〜かも」と弱めています(断定はできないので)。ちなみに、にこの「日本人同士で固まる」というのは、留学あるあるとも言えるほどよくあることなんです。

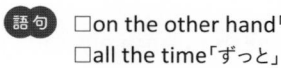 □on the other hand「その一方で」　□end up -ing「結局〜することになる」
□all the time「ずっと」

4

定番テーマ
[1]

解答例 (2) 「留学」を広く眺めてみる

メリット

Studying abroad is a good chance to study English intensively

デメリット①

and experience a different culture. On the other hand, there

デメリットに移る目印

are many expenses associated with studying abroad, such as

airplane tickets, housing expenses, health insurance, and

デメリット②

tuition. Moreover, when students are overseas, it is difficult

2つ目のデメリットの目印

for them to look for a fulltime job in Japan.   (55 words)

 ## 解答例詳解

Studying abroad is **a good chance to study English** intensively and experience a different culture.
海外留学は、英語を集中的に学び、異なる文化に触れることができる良い機会である。

まずはメリットです。少し浅い内容ですが、今回の語数ならアリです。何より2つのメリットを挙げていること、さらには、この後のデメリットをしっかり論じているので、十分なほどカバーできています。

語句 □intensively「集中的に」　　□experience「経験する」　　□culture「文化」

On the other hand, there are many expenses associated with studying abroad, **such as** airplane tickets, housing expenses, health insurance, and tuition.
一方で、海外留学にかかる支出は、飛行機代や住居費、健康保険、授業料など、たくさんある。

On the other handを使ってデメリットを述べます。今回は留学を広い視点で眺め「そもそもお金がかかる」と挙げているわけです。tuitionを書ける受験生は少ないのですが、「留学・学校教育」などいろいろな場面で使える単語です。

語句 □on the other hand「その一方で」　□expense「(複数形で)経費」
□associated with ～「～と関係がある」　□such as ～「～などの」
□airplane「飛行機」　□housing「住宅」　□insurance「保険」
□tuition「授業料」

Moreover, when students are overseas, it is difficult for them to look for a fulltime job in Japan.

さらに、学生が海外にいると、日本でフルタイム(正規)の就職先を探すことは難しい。

Moreoverでさらにデメリットを追加します。「海外にいると、日本で就活ができない」ということです。受験生でこんな発想をする人はいないはずですが、だからこそここで知っておいてもいいでしょう。

語句 □moreover「その上」　□overseas「海外に」　□look for ～「～を探す」
□fulltime「フルタイムの・常勤の」

4

定番テーマ[1]

✦ この問題に取り組む意義

「留学」についての賛否などがよく出ることはすでに触れましたが、その派生として、「留学に行った先でのやり取り」を書かせる問題も増えています。また、自由英作文の対策はしていても、こういったメール形式の対策までは手が回らない受験生が多いだけに、しっかり練習しておかないといけません。

Q 問題文を分析！

最初は「状況設定」

Imagine that you are a student named Andy. You got the

e-mail below from your classmate and good friend, Sandy.

メインの問題文！

Reply to Sandy in around 40 words in English. Include

「返事」を書く　　　「約」なので35～50語が目安

information about a homework assignment given in

「宿題」に触れる

geography class.

> Hi, Andy
>
> I had a bad cold and stayed in bed and slept all day today.
>
> I'm feeling a lot better now. Was there any homework in any
>
> class? I hope we can meet for lunch tomorrow as always!
>
> Sandy

[問題文和訳]

あなたはアンディーという名前の学生である。あなたは、クラスメートであり仲の良い友人でもあるサンディーから下記のEメールを受け取った。サンディーに、40語前後の英語で返信をしなさい。地理の授業で出た宿題についての情報を入れること。

アンディーへ

今日は、ひどい風邪をひいちゃって、1日中ベッドで寝ていたの。今は大分よくなったわ。何かの授業で、宿題は出た？ 明日のお昼に、いつも通り会えたら嬉しいわ！

サンディーより

📈 戦略を立てよう！

①まずは「返事」であることを意識しよう

どうしても「宿題」のことばかりに意識がいってしまいますが、まずは「返事」であることを忘れずに。つまり相手（メールの受け手）の名前や気遣い、最後の署名（メールの送り手の名前）を必ず書かないといけません。

🖊 受験生の中には、書いているときに夢中になってしまうのか、問題で指定された名前ではなく、最後に自分の本当の名前を書いてしまう人が、なぜかクラスに1人はいるんです。人間的には素敵ですが、試験では気をつけてください。

②設定は自分で「作って」もOK

宿題のことは「地理」ということさえ守れば、自分なりに設定を作ってかまいません（このへんは解答例を参考にしてください）。

解答例（1）

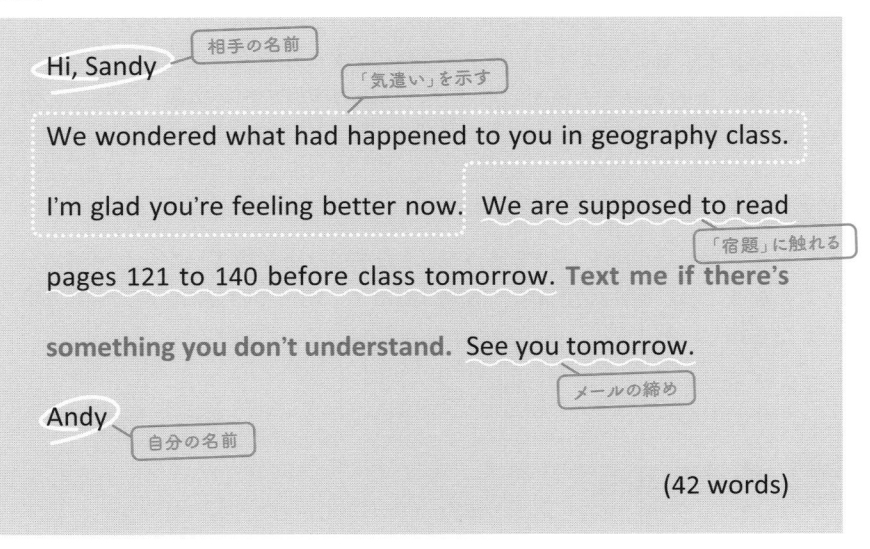

Hi, Sandy 〔相手の名前〕

〔「気遣い」を示す〕

We wondered what had happened to you in geography class.

I'm glad you're feeling better now. We are supposed to read

pages 121 to 140 before class tomorrow. **Text me if there's**

〔「宿題」に触れる〕

something you don't understand. See you tomorrow.

〔メールの締め〕

Andy

〔自分の名前〕

(42 words)

 解答例詳解

Hi, Sandy
やぁ、サンディー

まずはこれを書くのがマナーです。「問題文をよく見て、マネできるところはマネする」のは自由英作文の鉄則ですね。ちなみにHiの後のコンマはなしで、Sandayの後にコンマをつけても（Hi Sanday,）OKです。

We wondered **what had happened to you** in geography class. I'm glad you're feeling better now.
何があったのか、地理の授業中に心配していたんだよ。今は回復して良かった。

まずは気遣いの英文を書きたいですね。What has happened to 人?「人に何が起きたの?」は大事な熟語です（ここでは主節のwonderedに合わせて、時制の一致でhad happenedになっています）。

語句 □wonder「不思議に思う」　□happen to 人「人に起こる」　□geography「地理」
□class「授業」　□feel better「具合が良くなる」

We are supposed to read pages 121 to 140 before class tomorrow.

明日の授業までに121ページから140ページまで読まなきゃいけないんだ(読んでくることになっているよ)。

be supposed to 〜 は直訳「〜すると思われている・〜するはずだ」とそのままの意味で使われることもありますし、「〜することになっている(予定)」「〜しなければならない(義務)」となることもあります。ここでは予定でも解釈できますが、義務がベストですね。

 □be supposed to 原形「〜することになっている・〜しなければならない」

Text me if there's something you don't understand.

もし何かわからないことがあったら、メールしてね。

メール対策として、こういう文をしっかり覚えておくことが大事です。形の上では命令文ですが、命令文は必ずしも「〜しなさい!」という強い意味で使われるわけではなく、「〜ざるを得ない」ときにも使うので、「わからないことがあった場合、当然メールをせざるを得ないよね。だからメールしてね」というニュアンスで使っているわけです。

動詞textもきちんと使えるようにしておきましょう。Eメール(gmailなど)の場合はe-mail[email]ですが、LINEなどに代表されるメッセージアプリを使って「メッセージ(メール)を送る」場合にはtextを使います。そのため、友達同士でスマホを使って連絡を取る場合はtextを使うことが多いです。

 □text「メッセージ(メール)を送る」

See you tomorrow.　Andy

じゃあ明日ね。　アンディーより

これもサンディーからのメールの最後の1文を見れば必ず書くべきだとわかりますね。

💡 解答例 (2)

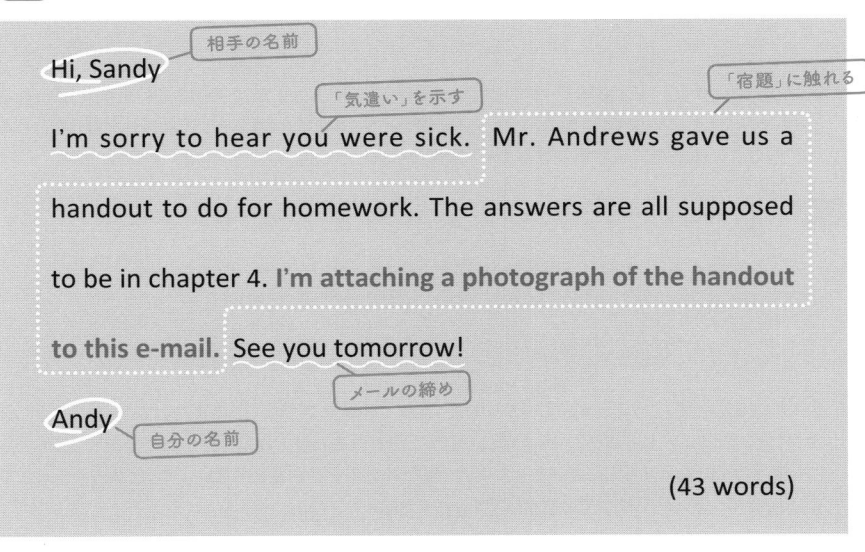

Hi, Sandy 〔相手の名前〕

I'm sorry to hear you were sick. 〔「気遣い」を示す〕 Mr. Andrews gave us a 〔「宿題」に触れる〕

handout to do for homework. The answers are all supposed

to be in chapter 4. I'm attaching a photograph of the handout

to this e-mail. See you tomorrow! 〔メールの締め〕

Andy 〔自分の名前〕

(43 words)

🔁 解答例詳解

Hi, Sandy **I'm sorry to hear** you were sick.

やぁ、サンディー　体調が悪かったと聞いて心配しているよ。

解答例(1)と同じように、まずは挨拶と気遣いから入ります。

Mr. Andrews gave us a handout to do for homework.

アンドリュー先生が宿題のプリントを配ったよ。

勝手に先生の名前を設定しました。入試でも資格試験でも、こういうのはアリだと知っておいてください。ちなみに、Mr. が苗字にしかつかないのを知らない人は結構多いのですが、Mr. Tom などとしないように注意してください。

 □handout「資料・プリント」

The answers are all **supposed to** be in chapter 4.

答えは全部チャプター4にあるはずだよ。

---

be supposed to 〜 を覚えてほしくて、また使っています（というより、使いこなせると便利なんです）。ここでは「あるはずだ」くらいの意味です。

> **I'm attaching a photograph of** the handout **to** this e-mail. See you
> tomorrow!　Andy
>
> このメールにプリントの写真を添付するね。じゃあ明日ね。　アンディーより

みなさんも普段やることですから、「添付する」の表現を知っておきましょう。

 □attach A to B「AをBに添付する」

CHAPTER
5
―

定番テーマ [2]
自己分析系

▶ **攻略のコツ**

「自分について語れるか」という、まるで面接試験のようなテーマが出ます。決して、エピソードだけに終始することのないようにしてください。また、大げさなことを書く必要もありません。どのくらい「肩の力を抜けばいいのか」も解説していきます。

▶ CONTENTS

☐ **幸せについて**
☐ **友達について**
☐ **自分のことについて**
☐ **大学でやりたいことについて**

解説── 幸せについて

✦ この問題に取り組む意義

「自分の価値観を伝える問題」がよく出ますが、その典型パターンの1つが「幸せとは？」です。典型的な問題であり、かつ、受験生は大げさに書いてしまうのですが、シンプルかつささやかなことをきちんとした英語で伝えられれば十分で、その練習として、とても意味のある問題です。

また、「幸せ」とは反対に「失敗談を書く」が大阪大、「困難を書く」が明治学院大で出ています。

問題文を分析！

次の質問に対する答えを、50語程度の英文で解答欄に記入しなさい。

Describe one of the happiest moments of your life.

「説明する・詳しく述べる」

[問題文和訳]

あなたの人生の中で一番嬉しかった瞬間について説明しなさい。

戦略を立てよう！

①Describeの意味は？

問題文のDescribeという単語を見ると多くの受験生が「描写する」と訳しますが、describeは「描写する」以外に「説明する・詳しく述べる」という大事な意味があります。間違っても、こんなことがあったというエピソードに終始するのではなく、「きちんと説明→その理由を述べる」という流れにしましょう。

②50語でどうまとめるか?

　問題文の指定は「50語程度」なので、まず結論に1～2文、あとはエピソード・背景・理由などに2～3文使うイメージです。

③些細なことでOK

「幸せとは?」と聞かれても、大げさなことを書く必要はありません。

　解答例は多くの人にありそうなことに絞りました。解答例(1)は高校受験、解答例(2)は日常の些細なことです。

この手の問題の解答例は、やたらと立派なものが多い気がしませんか?　ボクはいつも「そんな奴いねえよ」と思ってましたので、この本の解答例は「普通のこと」にしてみました。

5

定番テーマ[2]

解答例(1) 高校受験

まず「嬉しかった瞬間」を述べる

One of the happiest moments of my life was when I found out

問題文を利用

that my best friend and I had both been accepted to our first-

理由

choice high school. We had studied really hard for the exam,

理由①

so we were relieved, and we were happy that we could

理由②

continue to study together. (51 words)

 解答例詳解

One of the happiest moments of my life was when I found out that my best friend and I **had both been accepted to our first-choice high school**.

私の人生において最も嬉しかった瞬間の1つは、私の親友も私も第一志望の高校に合格していることがわかったときである。

まずは「嬉しかった瞬間」をズバリ書きます。エピソードから書き始めたりするのはオススメしません。問題文の表現を利用して、One of the happiest moments of my lifeとします（your→myなど細かいことを忘れずに）。whenは関係副詞（先行詞が省略され、結果的に名詞節を作っている）です。

be accepted to 学校「学校 に受け入れられる（入学許可される・合格する）」や、our first-choice high school「第一志望の高校」などは、「自分」を語るときに重宝する表現です。

語句 □moment「瞬間」 □find out～「～ということが（初めて）わかる・知る」
□be accepted to 学校「学校 に受け入れられる（入学を許可される・合格する）」
□first-choice school「第一志望の学校」

We **had studied really hard for the exam**, so we **were relieved**, and we were happy that we could continue to study together.

私たちは入試に向けて本当に一生懸命勉強したので、ほっとするとともに、一緒に勉強を続けられるので嬉しく思った。

嬉しかった理由を2つ（努力が報われた・これからも一緒に勉強できる）述べています。be[feel] relieved「ほっとする」などの感情表現もしっかりチェックを。ちなみに、感情を表す形容詞の後ろにthat 〜と続けて、「感情の原因」を表しています（このthatは副詞節を作る）。

 □exam「試験」　　□be relieved「安心する」　※原形relieveは「〜を安心させる」なので、受動態be relievedで「安心させられる」→「安心する」

5

定番テーマ[2]

解答例(2)　手作りのケーキ

One of the happiest moments of my life was when I baked a

[問題文を利用]　[まず「嬉しかった瞬間」を述べる]

birthday cake for my mother. My mother is a good baker, and

[理由]

I often help her in the kitchen, but I wanted to show her I

could bake a cake by myself. **She said it was delicious, and**

that made me happy.　　　　　　　　　　　　　　(55 words)

解答例詳解

One of the happiest moments of my life was when I baked a birthday cake for my mother.

私の人生において最も嬉しかった瞬間の1つは、私が母の誕生日にケーキを焼いたときのことだ。

「些細なことを書く例」です。英文のパターンは解答例(1)と同じです。ちなみに、このwhenも解答例(1)と同様、関係副詞(先行詞が省略され、結果的に名詞節を作っている)です。

語句　□bake「(オーブンでパン・ケーキなど)を焼く」

My mother is a good baker, and I often help her in the kitchen, but I wanted to show her I could bake a cake by myself.

私の母はパンやケーキを焼くのが上手で、私はよくキッチンで母の手伝いをしているが、1人でもケーキを焼けることを見せたかったのだ。

1文目で「どんなときか?」はズバッと言っているので、ここでは多少の遠回りは許されます。嬉しかった理由の「背景」を書いています。「自分の成長・技術を見せたい」ということですね。ちなみに「料理が上手」をa good cookと名詞を使って表現することが多いのですが、ここでもa good bakerという使い方をしています。

語句　□show A B「AにBを見せる」
　　　※ここではBにthat節がきています(thatは省略されている)。
　　　□by oneself「1人で」

She said it was delicious, and **that made me happy.**

母はおいしいと言ってくれたので、私は嬉しくなった。

「自分のケーキが認められて嬉しかった」という理由を述べています。That made me happy. のような言い回しは便利なのでチェックを（応用：That made me feel proud.「それで私は誇らしい気持ちになった」）。

✦ この問題に取り組む意義

「友達とは？」なんて哲学的な自問自答をしている高校生はそうたくさんいるわけではないと思いますが、「価値観」と「人間関係」という2つの頻出テーマにきちんと解答するには、「友人の定義や理想」について、絶対に対策しておかないといけません。

また、友人にまつわる話では、たとえば、hang around {with} 人「人と付き合う・つるむ・ぶらぶらして過ごす」などの日常単語を学ぶ良い機会になります（hang「ぶら下がる」→「ぶらぶら過ごす」イメージ）。

🔍 問題文を分析！

次の英文を読んで、あなた自身の考えを英語で書きなさい。その際、具体的な理由や例なども挙げつつ論じなさい。

※目安　100〜150語程度

In your opinion, what are the three most important qualities

of a friend? Explain why each of these characteristics is

essential to your definition of a friend.

「理由」を示す

qualities＝characteristics

essential≒important

[問題文和訳]

　あなたは、友人としての最も重要な3つの資質は何だと思うか。それらの資質が、あなたの思う友人の定義にとって重要である理由をそれぞれ述べよ。

📈 戦略を立てよう！

①きっちり3つ書く

入試にしては珍しく、**the three most important qualities of a friend** とハッキリ「3つ」と指定されています。話題も身近すぎて、逆に3つも考えるのが大変かもしれません。

やはりこういったテーマは事前の対策・準備がモノを言うので、常にパッと言えるようにしておきましょう。準備こそが戦略の要です。

②些細なことでOK

無理に抽象的なことを書く必要はありません。小学校高学年くらいのイメージで書いて**OK**です。

ちなみに今回の問題と似たパターンで、「親友について書く」問題が奈良県立医科大で出ています。こういう問題では、無理に書きにくい実際の友人のことを書く必要はありません。好きなマンガのキャラや映画・ドラマの登場人物を親友に見立てれば、書くネタには困らないでしょう。

この手の問題で「私に友達などいない」とか、とがったことを書かないように！

5

定番テーマ[2]

💡 解答例(1)　やや抽象的なパターン

> **まず「意見提示」**
>
> I think the three most important qualities of a friend are being
> **問題文を利用**　　　　　　　　　　　　　　　　　　　　　　　　　**要素③**
> funny, having common interests, and having common values.
> **要素①**　　　　　　　　**要素②**　　　　　　**要素①の説明**
> First, people should enjoy being with their friends. When people
>
> are funny, everyone has a good time. That is why I think it is
> 　　　　　　　　　　　　　　　　　　　　**要素②の説明**
> important for friends to be funny. Next, when friends have
>
> common interests, it is easy for them to find things to do together.
> **要素③の説明**
> **Finally, when friends have common values, it is easy for**
>
> **them to understand each other.** If they don't have the same
> 　　　　　　　　　　　　**自分の考えとは「逆」を想定する**
> values, they might end up getting into arguments when they
>
> don't agree on something.　　　　　　　　　　(102 words)

💡⟲ 解答例詳解

> I think the three most important qualities of a friend are being
> funny, having **common interests**, and having **common values**.
>
> 私は、友人としての最も重要な3つの資質は、面白いこと、共通の趣味があること、共通の価値観を持っている
> ことだと思う。

まずは意見提示（I think）、問題文を引用（the three most important qualities of a friend）
といういつも通りのパターンで、最初に3つの要素を挙げていますね。文法面（複数主語を受ける
are、3つのものを並べるA, B, and Cの形）にもしっかり気を配ってください。

 □quality「資質」　　□funny「面白い」　　□common「共通の」
□interest「興味」　　□value「価値観」

First, people should enjoy being with their friends. When people are funny, everyone has a good time. **That is why** I think it is important for friends to be funny.

1つ目として、人は友人といるとき、楽しく過ごすべきである。人が面白ければ、全員が楽しい時間を過ごすことができる。そのような理由から、私は友人が面白いことは重要だと思う。

1つ目のfunnyについての説明です。最後のThat is whyは、この1つ目の説明の中での「小さなまとめ」です。本書を読んでいるみなさんは、最終的な結論だけでなく、こういった「小さい場面でも使ってOK」ということがもうわかりますよね。

余談ですが、funnyはhumorousと定義している英英辞典もあります。「funnyであること→場を和ませる上で大事な要素」と考えるネイティブが多いので、ジョークを頻繁に言う人が多いのでしょうね。「オヤジギャグ」などと一蹴してはいけないのかもしれませんよ。

(語句) □that is why「そういうわけで」

Next, when friends have common interests, it is easy for them to find things to do together.

次に、友人と共通の趣味があれば、何か一緒にできることを探すのが簡単である。

Secondでもいいのですが、Nextを使って、ちょっとしたバリエーションを持たせています。commonは「共通の・よくある」、interestはここでは「興味・趣味」で、友人関係の話題で重宝する単語です。

Finally, when friends have common values, it is easy for them to understand each other. **If they don't have the same values**, they might **end up getting into arguments** when they don't agree on something.

最後に、共通の価値観を持っていれば、お互いを理解しやすくなる。同じような価値観を持っていないと、何か意見が合わないことがあったときに、口論に発展する可能性がある。

valueは「価値観」です。これも人間関係において大事な単語ですね。文を補足するときに「逆のパターン」を書くのは楽ですので、今回のIf they don't have the same values「もし（逆に）同じ価値観がなければ」のような書き方はしっかり練習してモノにしておきましょう。

(語句) □each other「お互い」   □end up -ing「結局〜することになる」
    □get into an argument「議論になる」   □agree on 〜「〜について意見が一致する」

5

定番テーマ[2]

169

解答例（2） 些細なことを書くパターン

まず「意見提示」

I think the three most important qualities of a friend are being

問題文を利用

someone I can respect, being fun to be with, and being able

要素① 要素②

to keep a secret .

要素③ 要素①の説明

First, when I respect someone, I feel like I should try to be like

that person. **I think that hanging around people like that will**

make me a better person in the long run.

要素②の説明

Next, I think friends should be fun to be around, even if we

aren't doing anything special. I don't want to have to make an

effort to have fun with my friends.

要素③の説明

Finally, friends should be able to keep secrets. If I worry that

my friend might reveal my secrets to others, I will always have

自分の考えとは「逆」を想定する

to be careful about what I say to her, but if she is good at

keeping secrets, I think I will feel more relaxed around her.

(144 words)

解答例詳解

I think the three most important qualities of a friend are being someone I can respect, **being fun to be with**, and **being able to keep a secret**.

私は、友人としての最も重要な3つの資質は、尊敬できる人であること、一緒にいて楽しいこと、秘密を守れることだと思う。

英文のパターンは解答例（1）と同じです。こういった長い英文のときほど、ミスのないようにシンプルな形に徹する方が無難です。2つ目のbeing fun to be with「一緒にいて楽しいこと（beingは動名詞）」を書ける受験生はいないでしょうが、大変便利な表現なのでみなさんは書けるようにしておいてください。

 □respect「尊敬する」　　□keep a secret「秘密を守る」

First, when I respect someone, I feel like I should try to be like that person. I think that **hanging around people like that will make me a better person** in the long run.

まず、誰かを尊敬しているとき、私はその人のようになろうとしなければという気持ちになる。長い目で見れば、そのような人と一緒にいることで、私はより良い人間になっていくだろうと思う。

1つ目のrespectの説明です。「良い影響を受けるから」という理由を説明しています。feel like sv「svのように感じる」は、likeの後にsvがきても許されるパターンで、実際にはよく使われます（97、104〜105ページ）。

 □feel like sv「svであるように感じる」　　□try to 原形「〜しようとする」
□hang around 人「人と時間を過ごす」　　□in the long run「長期的に見ると」

Next, I think friends should be fun to be around, even if we aren't doing anything special. I don't want to have to **make an effort to** have fun with my friends.

次に、友人は、何か特別なことをしているわけではなくても一緒にいて楽しい存在であるべきだと思う。私は、友人と楽しく過ごすために努力しなくてはいけない、というふうにはなりたくない。

2つ目の要素は「一緒にいて楽しい」というものです。「これくらいリラックスした答案もアリ」なわけです。fun to be aroundは、1文目のfun to be withのバリエーションです（もちろんここまで立派なことをしなくてもいいのですが、参考までに）。

 □make an effort to 原形「〜するよう努力する」　　□have fun「楽しむ」

Finally, friends should be able to keep secrets. **If I worry that my friend might reveal my secrets to others**, I will always have to be careful about what I say to her, but if she is good at keeping secrets, I think I will **feel more relaxed** around her.

5

定番テーマ
[2]

最後に、友人は、秘密を守れる人であるべきだ。友人が自分の秘密を他の人にばらすかもしれないと不安に思っていたら、自分が相手に話す内容を常に気にかけなければならない。しかし、秘密を守ってくれるとわかっていれば、一緒にいるときに気を遣わないでいられると思う。

First→Next→Finallyの流れは解答例(1)と同じです。If I worry that my friend might reveal my secrets to othersは、解答例(1)で使った「逆のパターンで補足」です。「もし(逆に)秘密が守れないなら」ということです。

語句 □worry that 〜「〜であると心配する」　□reveal「ばらす・漏らす」
　　　 □others「他人」　□feel relaxed「心が和む」

✏ 今回の「友達」のように性別が決まっていないとき、代名詞は男性・女性、どちらかに固定して書くのが主流です。無理にher[him]と(してもいいのですが)する必要はありません。

LESSON ✦ 20 ｜ 解説—— 自分のことについて

✦ **この問題に取り組む意義**

「自分のこと」を書かせる問題で、「行きたい国・都市」もよく出ます。一時期は「地元紹介」がよく出題されており、その反動かどうかはわかりませんが、最近は「海外」のことが問われることが増えました。関連の出題として、産業能率大では「地球上や宇宙でもどこでも好きな所」を書かせる問題がありました。

✏ ちなみに地方国立志望者で「地元紹介の対策」をしておきたい人は、市役所のHPなどで「観光名所」の英語版が読めたりします。そのまま流用できることが書いてあるはずです。

🔍 問題文を分析！

次の設問について、50語程度の英文を書きなさい。

まず「外国の都市」を選ぶ

Choose a foreign city that you would like to visit anywhere

in the world, and explain why you would like to visit that

1つのカタマリ　　　「理由」を示す

city.

✏ 関係代名詞thatの後は不完全な形がきます（visitの目的語が欠けている）。ちなみに、anywhere in the world「世界のどこでも」が1つのカタマリです。間違ってもvisit anywhereをカタマリにして読まないようにしてください。

[問題文和訳]

　世界中のどこでも、訪れたい都市を1つ選び、なぜその都市を訪れたいのか説明しなさい。

📈 戦略を立てよう！

①行きたい場所は調べておく

　海外のことを書くときに必要なのは「情報」です。行きたい場所の地名・建物名などを書けるようにしておきましょう。

　もちろん、たとえば「ルーブル美術館」をthe Louvre Museumと書けない場合は、a famous museum in Parisなどとボカすのも大事なテクニックですが、みなさんはこのテーマがよく出ることを今知ったわけですから、1か所くらいは後でネットで調べておいてください（これはこれで楽しい作業だと思いますよ）。

②50語でまとめる

　今回は50語程度なので、あっさりと書いてOKです。解答例(1)は「場所」→「理由3つを軽く書く」、解答例(2)は「場所」→「理由2つを少し厚めに書く」形式です。

解答例(1)　Rome

問題文を利用　／　まず「訪れたい場所」を選ぶ　／　理由①

I would like to visit Rome.　I would like to see many famous

buildings there, including some built by the ancient Romans, ──理由②

such as the Colosseum.　I would also like to see the paintings ──理由③

2つ目の理由の目印

on the ceiling of the Sistine Chapel in the Vatican.　**Finally, I**

3つ目の理由の目印

want to eat authentic Italian pizza, too.　　　　　(53 words)

 解答例詳解

I would like to visit Rome.
私はローマを訪れたい。

まずは「場所」をズバリ言わないといけませんね。問題文のyou would like to visitを利用します。
visitは他動詞なので直後に(前置詞なしで)地名を置きます(ちなみに、my first visit to Tokyo
などではvisitが「訪問」の意味の名詞なので前置詞がついているのです)。

 □Rome「ローマ」

I would like to see many famous buildings there, **including** some
built by the ancient Romans, **such as** the Colosseum.
私はそこで、コロッセオなどの古代ローマ人が築いたものを含む、多くの有名な造造物を見たい。

including「～を含めて」も、such as「～のような」もともに具体例を出す働きがあるので、ここでは
2段階で具体化していると考えるとわかりやすくなるでしょう。もちろん「Colosseumなんて書けな
い」と普通の受験生は言うでしょうが、みなさんは行きたい場所の対策をしておくようにしてくださ
いね。

 □including ～「～を含めて」　　□ancient「古代の」　　□Roman「ローマ人」
□Colosseum「コロッセオ」

5

定番テーマ
[2]

I would also like to see the paintings on the ceiling of the Sistine Chapel in the Vatican.

私はまた、バチカンのシスティーナ礼拝堂の天井に描かれている絵画も見たい。

alsoを使って2つ目の運用を出しています。"the paintings"で"特定のものを指す"を表します。"絵画(世の中の絵という意味の)"なら(the+がつかない)複数形のpaintingsとなります。ここでは"システィーナ礼拝堂の絵を特定視"するのでthe paintingsとなるわけです(複数形ですが、システィーナ礼拝堂の天井は実際に複数を感じ動します)。

語彙 □painting「絵画」　□on the ceiling「天井に」　※"接触"の（について）on、
□Sistine Chapel「システィーナ礼拝堂」　□Vatican「バチカン」

Finally, I want to eat authentic Italian pizza, too.

最後に、私は本場のイタリアンピザも食べたい。

今回の答案は運用の"終"で締めるということ、3つ目の運用も入れています。最初の2つの運用が マシマシな感じなので、3つ目は肩手で軽くでも良い例ですね。authenticは非常に優秀でなは"本物の"と いった意味ではありますが、海外旅行では"本物の"、「本物の」としてよく使われるでしょう。

語彙 □authentic「本物の・本場の」

解答例（2）　**Honolulu**

> 問題文を利用　　まず「訪れたい場所」を選ぶ　　理由①
>
> I would like to visit Honolulu. I want to go snorkeling and see
>
> many beautiful tropical fish. I have heard that the view from　理由②
>
> the top of the dormant volcano called Diamond Head is
>
> breathtaking, so I would like to climb to the top and look
>
> down on the city and ocean below.　　　　　(53 words)

 解答例詳解

> I would like to visit Honolulu. I want to **go snorkeling and see many beautiful tropical fish**.
> 私はホノルルを訪れたい。シュノーケリングに行き、多くの美しい熱帯魚を見たい。

まずは場所を述べ、1つ目の理由に入っています。go -ingは娯楽関係が多く、go shopping「買い物に行く」などが有名です。fishは単複同形（単数形と複数形が同じ形の名詞）なので、many <u>fish</u>となっています（特別、種類の「多さ」を強調するときのみ複数形にします）。

語句　□snorkeling「シュノーケリング」　　□tropical fish「熱帯魚」

> **I have heard that the view from the top of the dormant volcano** called Diamond Head is breathtaking, so I would like to climb to the top and look down on the city and ocean below.
> 私は、ダイヤモンドヘッドという休火山の頂上からの眺めが息をのむほど美しいと聞いたことがあるので、頂上に登って眼下に広がる都市と海を見たい。

volcano「火山」は長文で出ることがありますし、そもそも「富士山」がvolcanoです。前の文が「海」だったので、こちらの理由は「山」です。こちらの方が手厚い理由となっていますね。両方の理由に補足ができれば理想ですが、それが難しいときは今回のように片方だけでも補足しておくことが大事です。

ちなみに、「景色」の区別は英作文で大切です。特定の視点からではなく、「自然の風景全体」を指

5
定番テーマ
[2]

すときはsceneryを使います（漠然と「全体」を表すので不可算名詞）。

一方、「（特定の視点からの）眺め・見晴らし」にはviewを使います（「1つの視点からの眺め」なので可算名詞）。「オーシャン<u>ビュー</u>」=「（ホテルからの）海の眺め」から想像できるでしょう。

語句 □view「眺め・見晴らし」　□dormant volcano「休火山」
□breathtaking「息をのむほどの」　□climb to 〜「〜まで登る」
□look down on 〜「〜を見下ろす」

LESSON ◆ 21 解説 — 大学でやりたいことについて

◆ この問題に取り組む授業

「大学で何をやりたいか？」という質問が、大学の先生の方から出ることは少ないですよね。ただこの質問に対しては「〇〇の勉強・研究」という答えがあるので、今回の問題では「勉強以外」として、受験生のいろいろな本音を試してみるわけです。

本番でこんな問題を見ると、つい圧接試験のように真面目に答えようとして、結局、英語が難しくなってしまうのですが、今回の解答例のように「こんな関東を過ごしていいの？」というくらい気楽に考えてもらう目的があります。

また、「将来の仕事」についての自由英作文はあまり出ないので本書ではカバーしていませんが、今回の解答例に仕事の話を入れたので、これについても書けるようにしたという意図もあります。

6 問題文を分析！

Write an essay in English about the following question.
(about 100 words) 〔「約」、その〇〇90〜120語が目安〕

What do you hope to do in your university life besides study? 〔「勉強以外」を書く〕

[問題文和訳]

次の問いについて英語でエッセーを書きなさい（約100語）。
あなたは大学生活で、勉強以外に何をしたいですか。

📈 戦略を立てよう！

①構成はいつも通り

　面接で聞かれるような内容とはいえ、構成は他の問題と同じです。

　まずはイントロで「2つやりたいことがある」と書いて（意見提示の代わり）、その2つにそれぞれ理由・補足・具体化をすれば、今までの問題と同じように、あっさり100語くらいは到達してしまいます。

②些細な内容でOK

　解答例を見ればわかりますが、とにかく軽い内容でOKなんです。無理に真面目なことを書いて英語でミスするより、簡単なことを書いてください。試験というより、ツイッターに書く内容をイメージしてもいいでしょう。

　ただし、その理由などの補足の文は忘れずに。

答案は「書けるもの」でOKですが、実際に大学に入ったら、ボクの意見は…「本をたくさん読む」「学生があまりいないアルバイトをする」「スマホを持たずに出かける日を作る」といったところです。

解答例（1）

> まず「イントロ」

There are two things I want to do at university besides studying.

> やりたいこと①

First, I want to have a girlfriend. **In high school, I spend most of my time studying for my university entrance exams.** After I am accepted, though, I will have more free time. University

> 高校と大学の「対比」

will be filled with many new experiences, and I think it would be even more fun to experience them with a nice girlfriend.

> やりたいこと②

Second, I want to find out about careers. I want to talk to many people who graduated from the university and listen to their stories about their work, and then decide what kind of work I want to do.

(108 words)

 解答例詳解

There are two things I want to do at university besides studying.

私が大学でやりたいことは、勉強以外に2つある。

イントロとして、まずは「2つある」と数字を宣言してしまうわけです。問題文では前置詞besidesの後に名詞studyがありましたが、受験生になじみがあるbesides studying（動名詞）でちょっとだけバリエーション感を出してみました。

 □besides 〜「〜の他・〜以外」

First, I want to have a girlfriend. In high school, **I spend most of my time studying for my university entrance exams.** After I am accepted, though, I will have more free time. University will be filled with many new experiences, and I think it would be even more fun to experience them with a nice girlfriend.

まず、私は彼女を作りたい。高校では、大学入試のために勉強することに大半の時間を割いた。しかし、合格後は、自由な時間が増える。大学は多くの新しい経験にあふれており、素敵な彼女がいれば、そのような経験がいっそう楽しくなるだろうと思う。

1つ目の内容ですが「こんな些細なことでいいんだよ」という手本にしてください（もちろん理由をちゃんと書かないといけませんが）。今回の理由として、前半は「高校生活」というテーマにも流用できる英文で（spend 時間 -ing「〜することに 時間 を割く」が使われている）、後半（After 〜）は「大学の話」でよく使える内容です。難しい語句も構文もありませんが、こういう英文をスラスラ書ける人はなかなかいませんので、しっかり練習を。

Second, I want to find out about careers. I want to talk to many people who **graduated from the university** and listen to their stories about their work, and then decide what kind of work I want to do.

次に私は、職業についての情報を得たい。私はたくさんの卒業生と話し、彼らの仕事についての話を聞き、それから自分がどんな仕事に就きたいかを決めたいと思っている。

2つ目はちょっと真面目な内容です。「就職の準備を」と難しく考えなくても、こんな感じで書ければOKという参考にしてください。また、なぜか「将来の仕事」というテーマはそれほど入試に出ないのですが、いつ出てもおかしくないくらい若者にとって大事な話なので、仕事について書くときの参考にもしてください。

解答例（2）

> まず「イントロ」

In addition to studying, there are two things I hope to do at university.

> やりたいこと①

First, I want to make a lot of friends. I know some of my parents' friends are their former classmates from university. **I hope I can meet interesting people and that we will be able to stay friends for many years after we graduate.**

> やりたいこと②

Next, I want to travel as much as I can during school breaks. After I graduate and join a company, it will be harder to take time off, so the best time to travel will be when I am a university student.

(100 words)

 解答例詳解

In addition to studying, **there are two things I hope to do** at university.

私には、勉強以外に、大学でやりたいことが2つある。

In addition to studyingは、問題文besides studyのバリエーションです。どちらも「〜の他に・〜に加えて」という重要表現です。

 □in addition to〜「〜に加えて」

First, I want to make a lot of friends. I know some of my parents' friends are their **former classmates from university**. I hope I can meet interesting people and that we will be able to **stay friends for many years** after we graduate.

まず私は、友人をたくさん作りたい。私は、両親の友人の何人かは大学時代のクラスメートであることを知っている。面白い人々と出会い、卒業後もずっと友達でいられたらいいなと思っている。

1つ目の内容です。「友達を作りたい」という些細な内容でも、きちんと理由・補足をつければ入試で十分立派な答案になる手本として読んでみてください。「なぜ大学で友人？」に対して、「両親を見て、長く付き合える友達を見つけたいと思ったから」と言っているわけです。

語句 □former「前の・昔の」　□stay friends「友達のままでいる」

Next, I want to travel as much as I can during school breaks. After I graduate and join a company, it will be harder to **take time off**, so the best time to travel will be when I am a university student.

次に、学校が休みの期間にできるだけ旅行をしたい。卒業して入社してしまうと、その後は休みを取るのがより難しくなるので、旅行するのに最も良い時期は私が大学生のときだろう。

「違う文化を経験したい」とか具体的に行きたい国を書きたいところですが、「大学時に旅行したいのは、社会人より時間が取れるから」と書くだけでも語数を十分に満たすので、これでOKです。take 時間 offなど、解答例(1)同様に、仕事関係の単語も押さえておきましょう。

 ボク自身の本音は「社会人になっても時間はいくらでも作れる」なんですが、限られた試験時間の中では「思いついて、かつ英語にできるものを書く」のが鉄則ですから、試験中に自分の中で勝手に揚げ足を取って考えすぎないようにしてくださいね。

語句 □join a company「企業に入る・入社する」　□take time off「休みを取る」

CHAPTER
6

さまざまな形式の問題

▶ **攻略のコツ**

イラスト・グラフ・会話・悩み相談などの対策をしていきます。それぞれ、攻略のコツをつかむことで、より質の高い答案を作ることができますよ。本書も最後のCHAPTERです。あともう少し、がんばっていきましょう！

▶ CONTENTS

☐ **イラスト問題**
☐ **悩み相談**
☐ **会話文作成**
☐ **要約問題**

✦　この問題に取り組む意義

　イラストの描写がしやすい・メッセージが読み取りやすい（いくつかのメッセージが考えられる）という2つの点において、標準的なイラスト問題なので、練習しておかなければいけない問題です。また、描写がしやすいだけに「大半の受験生が描写だけにとらわれてしまい、メッセージを書かない」という、実はものすごく差がつく問題でもあります。

Q　問題文を分析！

Look at the picture. Write a story based on the scene in two or three English sentences.

> 物語っぽく書くのもアリ

[問題文和訳]

　イラストを見てください。その場面をもとに、2、3文の英語で物語を書きなさい。

📈 戦略を立てよう！

①構成は？

　イラスト問題であっても、最初に構成を考えましょう。下手にうまいことを書こうとするとぐちゃぐちゃになるので、まず最初は「描写」に徹する→イラストのメッセージを書くというパターンが、スッキリして受験生には書きやすいでしょう（解答例(1)のパターン）。ちなみに、イラスト問題は「メッセージを書きなさい」という指示がなくても、自分で読み取ったメッセージを書いてOKですし、その方が解答が引き締まります。

②余談ですが…

　問題文 "Write a story" を意識して、物語っぽく書くのもアリです。名前をつけたり、自分で設定をしたりしてOKです。さらに、イラストの前の出来事→イラストのメインの出来事→イラストの後の出来事というパターンを使ってもいいでしょう（解答例(2)のパターン）。

> この本もラストスパートにさしかかりました。あともう少しです。本番でもこの本で学んだことをたくさん使ってほしいと思います！

6

さまざまな形式の問題

💡 解答例（1） 淡々と描写＋決めの1文

イラストをそのまま「描写」

In this picture the student has a test the next day and he wants to sleep. But his neighbor is very noisy so he can't sleep.

Japanese people are not very good at complaining.

「メッセージ」を書く

💡⟳ 解答例詳解

In this picture the student has a test the next day and he wants to sleep. But his neighbor is very noisy so he can't sleep.

このイラストでは、生徒は翌日にテストを控えており、寝たがっている。しかし、隣人が大きな音を立てているため、彼は眠れない。

セオリー通り、In this pictureで始めて、2つの文でイラストをそのまま描写しています（描写は基本「現在形」を中心にする）。今回の英文で「寝る」を機械的にgo to bed「床につく」としてはいけません。もうベッドに入っていますが、「寝入る」ことができないので、sleep（go to sleep）を使います。

普通の受験生ならここまでしか書けませんし、ある意味それでOKです。しかしこの本に取り組むみなさんは、もう1文、決めの英文を考えてみましょう。

語句 □neighbor「隣人」　　□noisy「騒がしい」

Japanese people **are not very good at** complaining.

日本人は文句を言うのが得意ではないのだ。

「このイラストを外国人が見たら」という視点で考えると、「隣人がうるさくても文句を言いづらい日本人」と見ることもできます。さらに「文句を言って事件になった」とか「アメリカ人なら裁判にするのかも」などいろんなことが続けられますが、大学入試ではそこまで深い問題はめったに出ませんので、この1文を足せれば相当なボーナスポイントがもらえると思います。

別の言い方をした英文としては、Japanese people don't always complain when they should.「日本人は、そうすべきときに、いつも文句を言うとは限らない」なども便利です。

語句 □be good at ～「～が上手である」　　□complain「文句を言う」

💡 解答例（2）　ストーリー式

イラストをストーリー風に「描写」 　　イラストの「前」

John studied hard for his test and went to bed early so he

would feel refreshed in the morning.　However, around 2
イラストの「メイン」

A.M. his neighbor started playing loud music and woke John

up.　John wishes his neighbor would be quiet so he could

sleep.
イラストの「後」

😃 解答例詳解

John **studied hard for his test** and went to bed early so he would **feel refreshed** in the morning.

ジョンはテストに向けて一生懸命勉強し、朝には疲れがとれるように早くベッドに入った。

今度はストーリー風なので、時制は「過去形」を中心にします。イラストを「真ん中」として、まずは「イラストの前」、つまり「このイラストの前に起きたこと（勉強したこと）」を書きます。ここでは「床に入る」がピッタリなのでgo to bedを使っています。また、Johnと名前をつけることも自由です。

語句　□go to bed「床に入る・寝る」
　　　□so that s 助動詞 v「svするために」　※今回はthatが省略されています。
　　　□feel refreshed「疲れがとれたように感じる」

However, around 2 A.M. his neighbor started playing loud music and woke John up.

しかし、午前2時頃、隣人が大音量で音楽をかけ始め、ジョンは目が覚めてしまった。

イラストのメイン事項として、イラストで一番大事なことを書きます。もちろん設定は自由なので、「2時」として英文に厚みを出しています。

語句　□loud「大きい・うるさい」　　□wake 人 up「人を目覚めさせる」

6
さまざまな形式の問題

John wishes his neighbor would be quiet so he could sleep.

ジョンは眠れるように隣人に静かにしてほしいと思っている。

イラストの「後」として、ちょっとしたことをつけ足します。ここで使われているwishの語法は、I wish s would 原形「これから〜ならなあ」という「未来の行為を願うとき」に使われるものです（例：I wish it would stop raining.「雨がやんでくれたらなあ」）。未来を示すwillが、I wishの後で過去形（would）になっただけです。

LESSON ✦ 23　解説 ── 悩み相談

✦　この問題に取り組む意義

　　日本でもネットでの匿名相談はありますね。「悩み相談」というのはどの国でも大事なジャンルなのかもしれません。手紙・メールの形式も出尽くした感があるので、今後はこういったパターンの出題も増えてくると思います。

　　ちなみに今回はLESSON 22のイラスト問題と関連があるような「騒音」の話です。しかもこの問題は鳥取大で、さっきは島根大の問題です。地理的に近いからか、何か参考にし合ってるのかとかは考えすぎでしょうか。実は「国立大学の問題は地域によって似たものが出る」という特徴があります。他の大学でも同じ内容が出るかもしれませんよ。

Q　問題文を分析！

以下の設問を読んで英語で答えよ。

「提案」は複数書く

Read the situation below. Then write some suggestions (in English) on how Anna should solve this problem.

※目安　50〜100語程度

Anna

> I live in an apartment building.　My problem is my neighbor.　He loves loud music and always plays it late at night.　Usually, he practices his drums until midnight. It's so noisy!　Then, he turns on his radio and listens to rock-and-roll music until 3 a.m.　The noise is terrible!　I can't study. I can't sleep.　What should I do?

6

[問題文和訳]

　以下の状況を読みなさい。その後、アンナがどのようにこの問題を解決すべきかについて、(英語で) いくつかの提案を書きなさい。

　私はアパートに住んでいます。私の悩みは、隣の部屋の人です。彼は騒がしい音楽が好きで、いつも夜遅くにそれを演奏しています。たいていは、夜12時までドラムの練習をしています。とってもうるさいんです！　その後、彼はラジオをつけて、午前3時までロックンロールを聞きます。その騒音が本当にひどいんです！　勉強ができません。寝ることもできません。私はどうすれば良いのでしょうか。

📈 **戦略を立てよう！**

①構成は？

　write some suggestions<u></u>なので、提案は複数書いてください。今まで同様、「提案」に加えて、補足・理由・注意など、何かしらの＋αがあるといいでしょう。

②箇条書きでもOK

　解答例(1)のパターンは、多少ぶっきらぼうですが、受験生には書きやすい箇条書きです。メールや手紙という指定はないので、この書き方でも減点はないはずです。

　ただし、提案の仕方にいろいろとバリエーションを持たせる点は、今までこの本でやってきたことと同じです。

③相手を意識しよう

　解答例(2)のパターンは、悩み相談に「答える」形式で書くので、ベストな形と言えます。最初に相手を気遣ったり、最後に締めの言葉を入れられれば、受験生の中で断トツに輝く答案になるでしょう。

解答例 (1) 箇条書きのパターン

提案①

・I think you should move to a new apartment. Hopefully your new neighbors will be quieter than your current neighbor.

提案②

・You should complain to the owner of the building. If your neighbor is making so much noise, I'm sure other residents will be happy if the owner of the building tells him to be quiet.

提案③

・Why don't you talk to your neighbor directly? Maybe he doesn't realize that he is causing you so much distress.

(75 words)

 ## 解答例詳解

・I think you should **move to a new apartment**. Hopefully your new neighbors will be quieter than your current neighbor.

私は、あなたは新しいアパートに引っ越すべきだと思います。新しい隣人は現在の隣人より静かだといいのですが。

I think you shouldで1つ目の提案をして、次の文で+αの情報を入れています。今回の解答は3つも提案しているので、1つくらいは軽い補足文でもまったく問題ありません。日常の話題になるとよく使うのがneighbor「隣人」なので、書けるようにしておきましょう(英式つづりはneighbour)。

語句 □move to 〜「〜に引っ越す」　□hopefully「願わくば・うまくいけば」
□neighbor「隣人」　□quiet「静かな」　□current「現在の」

・You should complain to the owner of the building. If your neighbor is making so much noise, I'm sure other residents will be happy if the owner of the building tells him to be quiet.

6

さまざまな形式の問題

家主に文句を言うべきです。隣人があまりにうるさい場合、家主が彼に静かにしてほしいと伝えれば、きっと他の住人は喜ぶでしょう。

You shouldで2つ目の提案をしています。1つ目からI thinkを取っただけですが、こういうのもバリエーションになるのです（I thinkを入れた方が主張が「弱まる」ので、1つ目「引っ越し」よりも、こっちの「家主に言う」の方を強く勧めていることがわかりますし、こっちの方が現実的ですよね）。

語句 □complain「文句を言う」 □make a noise「騒ぐ」 □resident「住民」

・**Why don't you** talk to your neighbor directly? Maybe he doesn't realize that he is causing you so much distress.

直接、隣人に話してみるのはどうでしょうか？ もしかしたら、彼はあなたをそれほど悩ませていると気づいていないのかもしれません。

3つ目の提案はWhy don't you 〜?「〜したらどうですか？」を使って変化を出しています。後半は cause 人 物「人 に 物 を与える・もたらす」の形です。

語句 □Why don't you 〜?「〜したらどうですか？」 □directly「直接」
□maybe「ひょっとすると」 □realize「理解する」
□cause 人 物「人 に 物 を与える・もたらす」 □distress「悩み」

194

💡 解答例（2）　メールの返信のような形で提案するパターン

> まず「イントロ」

I'm sorry to hear that you are having so much trouble with

> 漠然と提案

your neighbor. You should definitely do something about

> 提案①

that. I think you should write a nice note requesting that he

> 提案②

be quieter and leave it in your neighbor's mailbox. If that

doesn't work, try talking to the building manager. It is the

> 次の提案に移る目印

manager's job to take care of complaints like this. Finally, if

> 提案③

that doesn't work, you should call the police. It is illegal to

> 次の提案に移る目印

make a lot of noise at night, so if he doesn't stop, the police

will probably arrest him. Good luck! I hope you can solve the

> 「気遣い」で締める

problem soon.　　　　　　　　　　　　　　　　(105 words)

🔍 解答例詳解

I'm sorry to hear that you are having so much trouble with your neighbor. You should definitely do something about that.

あなたが隣人のことで困っていると聞いて、気の毒に思っています。それに関して、絶対に何か行動するべきです。

優しいアドバイスをする感じで、まずは、I'm sorry to hear ～ とイントロを入れています。その後に「絶対に行動した方がいい」と漠然と示して、この後から具体的にアドバイスをしていきます。

 □have trouble with ～「～ともめる・～に困っている」　　□definitely「絶対に」

I think you should write a nice note requesting that he be quieter and leave it in your neighbor's mailbox.

あなたは隣人に静かにしてほしいという親切な手紙を書き、それを隣人の郵便箱に入れるべきだと思います。

1つ目の提案です。分詞requestingは、直前のnoteを修飾しています。requestという動詞は直後のthat節で、"s should＋原形"か"s 原形"をとるので、he beという形になっています（いわゆる仮定法現在と呼ばれる用法）。

語句 □nice「親切な」　□note「短い手紙」　□request「要求する」　□quiet「静かな」
□leave「置く」　□mailbox「郵便箱」

If that doesn't work, try talking to the building manager. It is the manager's job to take care of complaints like this.

それがうまくいかなかったら、建物の管理人に話してみてください。このような苦情に対処するのは、管理人の仕事です。

If that doesn't work「それがうまくいかなかったら」で、次の提案を示唆しています。命令文tryで提案のバリエーションを出しています。

語句 □work「（計画などが）うまくいく」　□try -ing「試しに〜してみる」
□manager「管理人」　□take care of 〜「〜に対処する」　※「世話をする」の意味ばかりが有名ですが、「対処する」の意味も重要なんです。　□complaint「苦情」
□like 〜「〜のような」

Finally, if that doesn't work, you should call the police. It is illegal to make a lot of noise at night, so if he doesn't stop, the police will probably arrest him.

最終的に、それがうまくいかなかったら、警察に電話するべきです。夜に騒音をたてるのは違法なので、騒音がとまらなかったら、おそらく警察は彼を逮捕するでしょう。

最後の提案をしています。その直後にある、if that doesn't workは先ほどと同じで、you shouldからが具体的な提案内容となります。

語句 □illegal「違法な」　□make a noise「騒ぐ」　□arrest「逮捕する」

Good luck! I hope you can solve the problem soon.

幸運を祈っています！　すぐに問題を解決できますように。

こういった悩み相談は、相手を気遣えればベストなので、このような内容で締めくくることができたら最高の答案になります(おそらく加点対象になると思います)。

✦ **この問題に取り組む意義**

　ズバリ「不自由英作文」の練習となります。会話の一部を英作文する問題で、一見、自由に何を書いてもいいように見えますが、前後の内容から、制約があるパターンの練習になります（よくあるパターンで京都大学などでも出題されています）。

Q **問題文を分析！**

　次は、二人の大学生が大学のキャンパスで出会って交わした会話です。下線部（1）に5〜10語の英語を、下線部（2）および（3）にそれぞれ10〜15語の英語を入れて、会話を完成させなさい。各下線部に入れる英文の数は限定しない。ただし、句読点は字数に入れず、isn't などの短縮形は1語と見なす。

A: Hi, I haven't seen you for a while. How are you doing?

B: Fine, thank you. And you?

A: Can't complain. How about your college life?

B: _____（1）_____

> この前にはマイナス or 普通のことがくる

A: By the way, you look very happy. What's new?

B: _____（2）_____

> 大げさ・楽しいことだとわかる

A: Really? Why are you so lucky?

B: _____（3）_____

> 信じられないようなことを受けている

A: I can't believe it.

[問題文和訳]

A：よう！　久しぶりじゃん。元気？

B：元気だよ。お前は？

A：文句なしだね。大学生活はどう？

B：＿＿＿＿＿＿(1)＿＿＿＿＿＿＿

A：ところでさ、嬉しそうな顔してるね。何かあった？

B：＿＿＿＿＿(2)＿＿＿＿＿＿＿

A：マジで？　なんでそんなにツイてるの？

B：＿＿＿＿(3)＿＿＿＿＿

A：信じられないよ。

📈 戦略を立てよう！

書く内容がかなり制約されることを意識する

(1)の英文 → プラス内容を避ける

　ここで先にプラスの内容を書いてしまうと、この後にある、By the way, you look very happy. What's new?と尋ねる必要がなくなります。マイナスか、普通の内容を書いてください。

(2)の英文 → 大げさ・楽しいこと・学業以外

　条件が3つあります。

　1つ目は、「happyに見える理由」を書くこと。

　2つ目は、(1)で大学生活について答えたので、学業以外のことを書かないといけません。

　3つ目は、さらにこの後に、Why are you so lucky?とあるので、相手がluckyと言うほど楽しそうに見えることを書く必要があります。

(3)の英文 → 「信じられない」と思われるような理由

　Whyに対する返答なので、(2)の理由などを書きます。直後に、I can't believe it.と言われているので、そう思われることを書きたいところです。

解答例(1) 彼女ができた

(1) Not bad, but my classes are pretty hard. (8 words)

(2) **I asked Nancy to go out with me, and she said OK!** (12 words)

(3) I told her I loved her every day until she agreed to be my

girlfriend. (15 words)

解答例詳解

Not bad, but my classes are pretty hard.
まあまあだけど、授業はかなり大変だよ。

まず、How about your college life? に対する返答をしたいですね。Not bad「悪くないよ」で受けて、学業の話をします。prettyは副詞で「かなり」です。

語句 □not bad「悪くはない」　　□pretty「かなり」

I asked Nancy to go out with me, and she said OK!
ナンシーに付き合ってくれと頼んだら、OKが出たんだ!

happyに見えて、luckyなことと言えば、これが一番浮かびやすい気がします。

語句 □ask 人 to 原形「人に〜するよう頼む」　　□go out with 〜「〜と付き合う」

I told her I loved her every day until she agreed to be my girlfriend.
彼女になってくれるまで、毎日「好きだ」って言い続けたんだ。

この直後に、I can't believe it. とあるので、相手が「引く」くらいの内容でちょうどいいんです。

語句 □agree to 原形「〜することを同意する・受け入れる」

解答例(2)　留学が決まった

(1) I'm getting used to it. (5 words)

(2) I got accepted to a study-abroad program. I'm going to study in Iceland next semester. (15 words)

(3) It's not luck. I worked really hard on my application. (10 words)

 ## 解答例詳解

I'm getting used to it.
慣れてきたよ。

get used to ～「～に慣れる」(このtoは前置詞)を現在進行形で使っています。「慣れてきている途中だよ」という感覚です。会話では重宝する表現なので、これを機に覚えておきましょう。

 □get used to ～「～に慣れる」

I got accepted to a study-abroad program. I'm going to study in Iceland next semester.
海外留学プログラムに受かったんだ。来学期はアイスランドで勉強してくるよ。

すでにご存知の通り、自由英作文には「留学」の話が出やすいので、ここでもそれを流用してみます。

 □get accepted to ～「～に合格する」
□study-abroad program「海外留学プログラム」　※study abroad「留学する」は動詞＋副詞の用法で、今回のstudy-abroadはハイフンを使って「形容詞」としての用法です。

It's not luck. I worked really hard on my application.
ツイてるわけじゃないよ。応募書類を頑張ったんだ。

Why are you so lucky? に、ちょっとネイティブっぽく返したパターンです。「運でなく努力」とい

6

さまざまな形式の問題

うことですね。It's not luck. はいつかみなさんに使ってほしいセリフです。work on ～「～に取り組む」は便利な熟語なので必ず覚えておいてください。onは「意識の接触（～について）」で、その前にreally hardを割り込ませた形です。

語句 □luck「幸運・運」　　□work on ～「～に取り組む」　　□application「応募書類」

LESSON ✦ 25　解説── 要約問題

✦ **この問題に取り組む意義**

　英文の「要約問題」が自由英作文に入るかどうかはわかりませんが、せっかくなのでこの本でも入れておきたいと思い、LESSON 25とLESSON 26の問題で扱うことにしました。今回は「グラフ対策」と「一文要約」を同時に扱った、よく出るパターンです。グラフはそのまま数字を書くパターンと、倍数・分数などを使ってまとめるパターンが主流です。今回の問題は、どちらも使えるので、とても良い練習になります。

　また、問題3の「紙の本 vs. 電子書籍」も定番テーマなので必ず対策しておかなければいけません。

Q 問題文を分析！

All answers must be written in English in the spaces provided on the ANSWER SHEET.　　※解答欄省略

Examine the graph below and follow the directions.

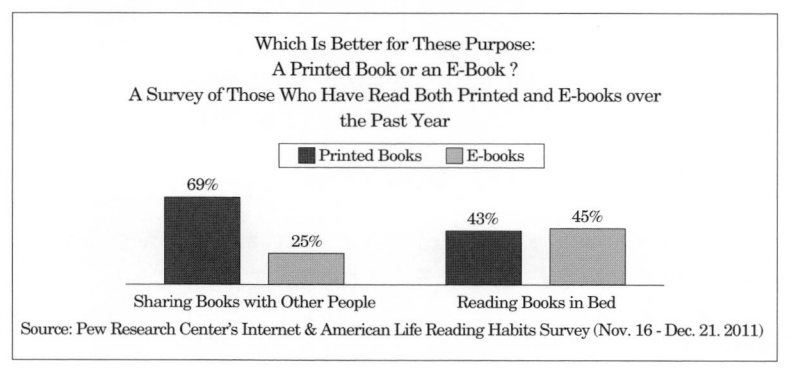

Which Is Better for These Purpose:
A Printed Book or an E-Book?
A Survey of Those Who Have Read Both Printed and E-books over the Past Year

■ Printed Books　□ E-books

69%　25%　　　43%　45%

Sharing Books with Other People　　Reading Books in Bed

Source: Pew Research Center's Internet & American Life Reading Habits Survey (Nov. 16 - Dec. 21. 2011)

1 In ONE sentence, describe what the graph says about sharing books with other people.

6

さまざまな形式の問題

2 In ONE sentence, describe what the graph says about reading books in bed.

3 Do you prefer printed books or e-books? In a paragraph, explain your answer giving at least two specific reasons.

「理由」は最低2つ　※3の目安　80〜100語程度

[問題文和訳]

すべての解答は英語で、解答用紙の指定欄に書きなさい。

下記のグラフをよく見て、指示に従うこと。

1　本を他の人と共有することについて、グラフからわかることを1文で説明しなさい。

2　ベッドで本を読むことについて、グラフからわかることを1文で説明しなさい。

3　あなたは紙の本と電子書籍のどちらが好きか。1つの段落で、少なくとも2つの具体例を挙げながら解答の説明をしなさい。

📈 戦略を立てよう！

①グラフ対策をしっかりと

　グラフの数字を表現するために、「比較・倍数・分数・数字」や、whileなどを使います。こういった表現を正しく使うようにしましょう。「なんとなく」ではなく「完璧に正しい使い方」をマスターしておきましょう。特に倍数表現を使わせることが多いので、倍数の書き方は念入りに。大半の人が「倍数表現って、twice as 〜 as ... とかでしょ？」と言えるのですが、グラフ要約の場合、いざ書こうとすると手も足も出ないことが多いのです（問題1の解答例(2)で使います）。

②「ハッキリ」でも「だいたい」でもOK

　今回は69%とハッキリ数字が出ていますが、about 70%やalmost three quarters「約4分の3」などでまとめることも可能です。

③時制

　グラフが今現在読み取れる（伝えている）と考えて現在形を使うといいのですが、「調査した結果」ということで過去形を使っても不自然なことはありません。解答例では両方のパターンを用意しました。

💡 問題1　解答例(1)

「イントロ」あり

According to the graph, of people who have read both printed books and e-books, 69% felt that printed books are better for sharing than e-books, while just 25% felt that e-books are better for sharing with others.　　　　　　(37 words)

💡 解答例詳解

According to the graph, **of people who** have read both printed books and e-books, 69% felt that printed books are better for sharing than e-books, while just 25% felt that e-books are better for sharing with others.

グラフによると、紙の本と電子書籍の両方を読んだことのある人のうち、69%の人が、他の人と共有するには電子書籍よりも紙の本の方が向いていると感じた一方で、共有に向いているのは電子書籍だと感じた人はたった25%だけだった。

こういった要約でも、今までと同じように(いきなり本論に入るのではなく)イントロ的な表現を入れられれば理想です。According to the graph「グラフによると」、of people who 〜「〜する人のうち」(部分のof「〜の中で」)などです。

people who have read both printed books and e-booksは、グラフの上にある英文(those who 〜)を利用しました(those who 〜 = people who 〜)。

今回は69%とハッキリ数字が出ていますが、そうでない場合、about 70%やalmost three quarters「約4分の3」などを使います(分数を使った場合、後半の25%もone quarterにすると美しい英文になります)。

 □according to 〜「〜によると」　□printed book「紙の本」
□e-book「電子書籍」　※electronic bookの略。　□share「共有する」

6

さまざまな形式の問題

問題1　解答例（2）

> 「イントロ」なし
>
> Almost three times as many people think printed books are
>
> better for sharing with others as people who think e-books
>
> are.　　　　　　　　　　　　　　　　　　　　　　(21 words)

 解答例詳解

> Almost **three times** as many people think printed books are better for sharing with others **as** people who think e-books are.
>
> 他の人と共有するのにより向いているのは紙の本だと思っている人は、電子書籍の方が向いていると考える人のほぼ3倍である。

解答例（1）との形式的な違いは、イントロなし・現在形という点です。「戦略」で述べた通り、この解答例の英文は大半の受験生には難しいと思いますが、頑張って使いこなしてください。

Almost **three times as** many people think printed books are better 〜 with others
 　　　　　　　　　　 S 　　　 V

as people who think e-books are {better for sharing with others}.
比較対象のas　　　　　　　　　　　are以降は重複するため省略

今回の解答例の英文は難しく見えるでしょうが、書けるようにしておきたいところです（かつてセンター試験という入試の基本を問う試験がありましたが、そこでも今回の英文に似た構造が出ているくらい基本事項なのです）。ちなみに、主語many peopleに倍数表現をつける場合、以下のようなイメージが理解しやすいでしょう。

【元の文】	Many people V …
【as 〜 asをつけた文】	As many people as 〜 V …
【2つ目のasを後ろ回しに】	As many people V … as 〜
	※これに「〇倍」をつければ完成

語句　□almost「ほとんど」　　□〜 times「〜倍」

問題2　解答例(1)

「イントロ」なし

Forty-three percent of the people surveyed thought printed

books were better for reading in bed, while 45 percent felt

e-books were better. (22 words)

解答例詳解

Forty-three percent of the people surveyed thought printed books were better for reading in bed, while 45 percent felt e-books were better.

アンケートに回答した人の43%が、ベッドでの読書には紙の本の方が向いていると思っていた一方で、45%の人が、電子書籍の方が向いていると思っていた。

今回もイントロなしのパターンです。数字をズバッと書いて、whileでつなぐという受験生が書きやすいパターンです。

英語表記の"Forty-three"と数字表記の"45"という2通りの書き方が使われていますが、英文は文頭に数字表記がくることを避けるので、この書き方が正しいです（英字新聞などではきちんと守られますが、受験生はあまり気にしなくて大丈夫でしょう。数字のつづりに不安があるなら、According to the graphというイントロを入れればOKです）。

語句　□survey「調査する」
　　　※今回は過去分詞で、後ろからthe peopleを修飾しています。

6

さまざまな形式の問題

問題2　解答例(2)

「イントロ」あり

According to the graph, of people who have read both printed books and e-books, 43 percent felt that printed books were better for reading in bed, while 45 percent felt the same way about e-books.

(35 words)

 ## 解答例詳解

According to the graph, **of people who** have read both printed books and e-books, 43 percent felt that printed books were better for reading in bed, while 45 percent felt the same way about e-books.

グラフによると、紙の本と電子書籍の両方を読んだことのある人のうち、43%の人がベッドでの読書には紙の本の方が向いていると思っていた一方で、45%の人が、それには電子書籍の方が向いていると思っていた。

問題1の解答例(1)同様に、イントロ、主節の前に「部分のof」を使ったパターンです。今度は「電子書籍派の43%は、紙の書籍派の45%と同じように感じた」と表現したものです。as 〜 asを使わず、単純に「同じ」を表すthe sameを使った例として参考にしてください。feel the same way about 〜「〜に対して同じように感じている」という表現を使いました。

 語句 □feel the same way「同じように感じる」

208

問題3　解答例（1）　紙の本が良い

> まず「意見提示」

> 理由①

I prefer printed books. First, when you buy a printed book,

> 1つ目の理由の目印

after you read it and don't need it anymore, you can sell it.

> 理由の追加

You can also lend your book to a friend, or borrow a friend's

> 理由②

book, too. Next, I think reading words printed on paper is

> 2つ目の理由の目印

much better for your eyes than reading from a screen. **People**

already look at computer and smartphone screens so much

that I think it is better to give your eyes a break. (80 words)

解答例詳解

I prefer printed books.

私は紙の本の方が好きである。

意見提示です。設問文でprefer「〜より好む」を使っているので、それを利用した形です。

語句　□prefer「好む」

First, when you buy a printed book, after you read it and don't need it anymore, you can sell it. You can also lend your book to a friend, or borrow a friend's book, too.

まず、紙の本を購入すると、読み終わってもういらなくなったら、それを売ることができる。また、友達に自分の本を貸したり、友達の本を借りたりすることもできる。

1つ目の理由として、「（紙の本の）物理的なメリット」を挙げています。前半の文で「売る」、後半の文ではalsoでつないで「貸し借り」と、具体例をいくつか挙げています。この解答例で十分ですが、「本」のテーマはよく出るので、参考までにもう1つ、「図書館」というメリットを挙げてもいいでしょう。

語句　□anymore「これ以上」　　□lend 物 to 人「物を人に貸す」　　□borrow「借りる」

6

さまざまな形式の問題

【参考】I like to borrow books from the library to save money, but libraries don't lend e-books. So if I want to read books from the library, I have to read printed books.

私は節約のために図書館から本を借りるのが好きだが、図書館は電子書籍の貸し出しを行っていない。そのため、図書館の本を読みたい場合、紙の本を読まなければならない。

 □save「節約する」

Next, I think **reading words printed on paper is much better for your eyes than reading from a screen**.

次に、紙に印刷された文字を読むのは、画面上の文字を読むよりも、はるかに眼に良いと思う。

2つ目の理由に入ります。スマホなどの新しい機器やネットサービスなどに反対する（今回の場合、電子書籍に反対する）場合、「健康面」から意見を考えると説得力ある内容が見つかりやすいです。much better for your eyes「眼にずっと良い」など、意外とちゃんと書けないのでしっかりチェックを。

 □on paper「紙に」　　□much「（比較級を強調して）はるかに」　　□screen「画面」

People already **look at computer and smartphone screens** so much that I think it is better to **give your eyes a break**.

人々はすでに、コンピューターやスマートフォンの画面をかなり長い間見ているので、眼を休ませた方が良いと思う。

前文の「眼」についての流れから、give your eyes a break「眼に休憩を与える」→「眼を休ませる」という表現を使っています（難しいですが、スマホ関係・医療関係のテーマで使おうと思う人は覚えておきましょう）。so much that ～ の部分はso ～ that … 構文「とても～なので…」になっています。

 □give ～ a break「～を休ませる」

問題3　解答例(2)　電子書籍が良い

まず「意見提示」　　　　　　　　　　　　　　　　　理由①

I prefer e-books. First of all, my entire library of e-books fits

1つ目の理由の目印

in my tablet. **That means it is light and convenient, and I can**
理由②

前の内容を「具体化」

carry it around with me wherever I go. Second, my e-book
2つ目の理由の目印

reader has a dictionary function, so if I come across a word I

前の内容を「具体化」

don't know, it is very easy to look it up. This is especially
理由③

useful when I read e-books in English. Finally, e-books are
3つ目の理由の目印

often cheaper than the printed version of the book. For these
まとめに入る目印

reasons I think e-books are better than printed books.

(92 words)

 解答例詳解

I prefer e-books. First of all, **my entire library of e-books fits in my tablet**.

私は電子書籍の方が好きだ。まず何よりも、電子書籍から成る私の蔵書(本のコレクション)が丸ごとタブレットの中に入っている。

まず意見提示をして、First of all「最初に」から1つ目の理由に入っています。libraryの「蔵書・コレクション」という意味はタブレット・ネット関係では重宝します(みなさんのスマホの音楽ファイルにも「ライブラリ」とあるかもしれません)。

語句 □entire「全体の」　　□fit in ～「～に入る・収まる」

That means it is light and convenient, and **I can carry it around with me wherever I go**.

6

さまざまな形式の問題

211

それはつまり、軽量かつ便利で、どこへ行くのにも持ち歩けるということだ。

前文の内容を、That means {that} ～「それはつまり～ということだ」を使って具体化しています。
この1つ目の理由は「スマホ」関係のテーマにも使えますよ。

語句 □light「軽い」　　□convenient「便利な」　　□carry around「持ち歩く」」
□wherever sv「svする所にはどこでも」

Second, my e-book reader has a dictionary function, so **if I come across a word I don't know, it is very easy to look it up**.

次に、私の電子書籍リーダーには辞書機能がついているので、知らない単語が出てきたときには、きわめて簡単に調べることができる。

2つ目の理由です。電子書籍の話で意外と受験生が忘れてしまうのが「辞書」の話です。受験生なら書きやすい内容ですし、重要熟語のcome across「～に出くわす」、look up「～を調べる」などを英作文で使うこともできます。

語句 □function「機能」　　□come across ～「～に出くわす」
□look up「～を調べる」

This is especially useful when I read e-books in English.

これは、英語の電子書籍を読む際には特に便利である。

This is especially useful when ～「～のとき、特に便利だ」で具体化しています。

語句 □especially「特に」

Finally, e-books are often cheaper than the printed version of the book.

最後に、電子書籍は、紙の本よりも安価なことが多い。

3つ目の理由です。最初の2つの理由が内容・補足ともにしっかりしているので、この文はなくてもOKですが、「安い」という理由を書きたい人は英文を参考にしてください。

For these reasons I think e-books are better than printed books.

以上の理由から、私は紙の本よりも電子書籍の方が良いと思う。

For these reasonsでまとめに入ります。最初の意見提示のバリエーションとして、I think A is better than B. の形を使っています。このように「Aが（Bより）好きだ」のバリエーションにbetter を使えることを知っておくといいでしょう。

語句 □be better than 〜「〜よりも良い」

✦ この問題に取り組む意義

　自由英作文とは言えない形式ですが、要約問題が出る大学もあるので、ここでも扱います。今回の東大の問題は、要約でも特にやっかいな「日本語にまとまりがないものを整理して英訳する」パターンです。

　また、「英語学習」という内容も頻出テーマの1つなので、必要な語句・表現の確認にもなります。たとえば「リスニング」は単に listening ではなく、listening comprehension と書くのが正解など、どの大学を受けるにせよ有効な問題です。

🔍 問題文を分析！

次の会話は、英語学習について悩んでいる男子生徒と、その相談を受けた英語教師との会話である。生徒がどのような悩みを持っているか、生徒の英語学習のどこが間違っていたのか、教師はどのようなアドバイスをしたか、の三つの内容を盛り込んだ形で、この会話の要点を50〜60語の英語で述べよ。

ポイント①
ポイント②
ポイント③

生徒：先生、いくら練習しても英語の聴き取りがうまくできるようにならないんですけど、どうすればいいでしょうか？

先生：どうすればいいと言われても、やっぱり地道に勉強するしかないよね。自分ではどんな勉強をしているの？

生徒：ケーブル・テレビやインターネットで英語のニュースを見たり聴いたりしてはいるんですけど……。

先生：え？　いきなりそんな難しい英語を聴いても分からないでしょう。

生徒：分からないです。まったく。

先生：そりゃ駄目だよ。意味の分からないものをいくら聴いたって、雑音を聴いているのと同じだからね。聴いて、ある程度中身が理解できるくらいの教材を選ばないと。

生徒：とにかくたくさん英語を聴けばいいんだと思っていました。そうか、そこが間違っていたんですね。

先生：そう。それに、聴き取りが苦手といったって、英語の音声に慣れていないことだけが問題じゃないんだ。語彙を知らなかったり、知っていても間違った発音で覚えていたり、あるいは構文が取れなかったりしている場合のほうが多いわけだよ。内容を理解する力も必要になってくるしね。毎日やさしめの英文の聴き取りをやって、それと同時に、内容的に関連する読み物を、辞書を引きながら丁寧に読んでごらん。そういう総合的な勉強をすれば、聴き取りの力も伸びると思うよ。

生徒：はい、わかりました。

📈 戦略を立てよう！

①語数を決めておこう

　ポイントが3つ、語数は「50〜60語」なので、「60語÷3つのポイント＝20語／1ポイント」のイメージです。ただし最後のアドバイスの部分が少し長くなりそうなので、まずは、(1)悩みに20語弱、(2)現状の間違いに20語弱、(3)アドバイスに20語強くらいだと考えてみましょう。

②構成

　問題によっては「ポイントの再構成（順番の変更）」が必要になりますが、今回は普通に(1)悩み→(2)現状→(3)アドバイスの順番で書いていけば自然な英文になります。

6

さまざまな形式の問題

③イントロをつけてみる

　各英文に「イントロ」をつけると大変明瞭な英文となります。その英文が「どんな役割なのか？（どのポイントに答えるのか？）」を紹介するわけです。

(1)生徒の悩み

　The student's problem is that 〜「生徒の問題は〜だ」

(2)現状の間違い・理由

　The reason {that he isn't improving} is that 〜「(彼が聴き取りがうまくならない) 理由は〜だ」

　　※（○）The reason is that 〜 が正しい形で、(×) The reason is because 〜 は本来間違った形です。最近ではこの形も使われており、大学入試でも出題されたことがあるのですが、自分で英文を書くときはthatを使うようにしましょう。

(3)教師のアドバイス

　The teacher advises him to 〜「教師は彼に〜とアドバイスしている」

　英作文対策でイントロの重要性はあまり強調されませんが、イントロをつけることで英文のスムーズさ、読みやすさがまるで違ってきます。内容に入る前に「全体像・役割を紹介する」という意識は他の問題でも役立ちますので、ぜひ押さえておいてください。

解答例

※今回の要約問題は解答例は1つです。別の言い回しなどは「解答例詳解」の方で扱います。

ポイント①「悩み」

The student can't improve his English listening comprehension

ポイント②「現状の間違い」

in spite of his efforts.　The reason is that the news programs

上達しない「理由」を表す

he is listening to are too difficult, and listening without

comprehending doesn't lead to improvement.　The teacher

ポイント③「アドバイス」

advises the student to take a balanced approach to studying,

listening to easy materials every day and reading while using

a dictionary.　　　　　　　　　　　　　　　　　　(59 words)

 解答例詳解

The student can't **improve his English listening comprehension** in spite of his efforts.
生徒は努力しているのに英語の聴き取りができるようにならない。

まずは「悩み（英語の聴き取りができるようにならない）」をまとめた文です。本当はイントロをつけて、The student's problem is that he can't improve ～ としたいのですが、語数の関係でthat以下（he=The student）からの文としました。

また、「英語の聴き取りができない」とは「聞こえる英語を理解できない」ということですよね。そこでlistening comprehensionと書く必要があります。「音そのものは耳に入っている」わけですから、listeningだけでは不自然なんです。

✐ 現代では「ヒアリングテスト」と呼ぶことはほぼなくなりましたが、hearは「耳に入る・聞こえる」なので、hearing testだと「聴力検査」になってしまいます。

 □improve「改善する」　　□listening comprehension「聴き取り能力」
□in spite of one's efforts「努力にもかかわらず」　※この表現が難しい場合は、

no matter how hard he tries[he may try]「彼はどんなに一生懸命取り組んだとしても」としてもOKです。

listeningという単語を使わない場合は、次のように書くこともできます。

The student has difficulty understanding spoken English though he practices it very hard.

生徒は一生懸命練習しているけれども、話している英語をなかなか理解できない。

語句 　□have difficulty -ing「～するのに苦労する」
　　　□spoken English「話されている英語・口語英語」

The reason is that the news programs he is listening to are too difficult, and listening without comprehending doesn't **lead to** improvement.

その理由は聴いているニュース番組が難しすぎて、理解をせずに聴き取りをしていても上達しないからだ。

「どこが間違っていたのか（たくさん英語を聴けばいいと思っていた）」をまとめた文です。The reason is that ～ で「理由」を明示しています。また、that以下では"原因 lead to 結果"の形を使っています。

語句 　□the reason is that ～「その理由は～だ」　　□news program「ニュース番組」
　　　□comprehend「理解する」　　□lead to ～「～につながる」
　　　□improvement「改善」

この文の別の書き方として以下のように書くこともできます。

He thinks that it is helpful to listen to English news programs, even if he cannot understand them. But actually that doesn't help.

彼は理解できないとしても、英語のニュース番組を聴くことは役立つと思っている。しかし、実際には役立たない。

語句 　□helpful「役に立つ」　　□actually「実際に」　※「（予想とは違って）実際には」というニュアンスを持つことがあります。これは長文にも役立つ知識です。

The teacher advises the student to take a balanced approach to studying, listening to easy materials every day and reading while using a dictionary.

先生は生徒に、毎日やさしい教材を聴き、辞書を使いながら読むというバランスの取れた勉強法を勧めている。

「どのようなアドバイスをしたか（ある程度中身が理解できる教材を選ぶ。総合的な勉強をすれば、聴き取りの力も伸びるよ）」をまとめた文です。

balanced「バランスの取れた・偏りのない」は英作文で便利な単語で、study English in a balanced way「バランスの取れた方法で英語を勉強する」と書くこともできます。他の話題でも、「健康」の話ならa well-balanced diet「バランスの取れた（偏りのない）食事」が使えます。コンマ以降のlistening to 〜 は「聴いたり読んだりしながら」という分詞構文です。

 語 句 □advise 人 to 原形「人 に〜するように勧める」　※名詞はadvice「アドバイス」
□take a balanced approach to -ing「〜することに対してバランスの取れた方法をとる」
□easy material「やさしい教材」

「バランスの取れた勉強法」という言葉でうまくまとめられないときは、具体的に「やさしい教材を聞き、同じテーマの文を読み、語彙を増やす」と書いていくのもアリで、以下のようにすることもできます。

The teacher advises[tells] the student to listen to easy material every day and read materials on the same topic carefully to increase his vocabulary.

先生は生徒に毎日やさしい教材を聴き、同じテーマの英文を注意深く読み、語彙を増やすように勧めている［言っている］。

語 句 □topic「テーマ」　　□carefully「注意深く」
□increase one's vocabulary「人 の語彙を増やす」

6

さまざまな形式の問題

memo

memo

〔著者紹介〕
関 正生（せき まさお）
1975年7月3日東京生まれ。埼玉県立浦和高校、慶應義塾大学文学部（英米文学専攻）卒業。TOEIC L&Rテスト990点満点。リクルート運営のオンライン予備校「スタディサプリ」で、全国の小中高生・大学受験生に、そして「スタディサプリENGLISH」のTOEICテスト対策講座では、動画講義を200本以上担当し、全国の大学生・社会人に授業を行う（PC・スマホで受講可能）。有料会員数は年間で140万人以上。受験英語から資格試験、ビジネス英語、日常会話までを指導し、英語を学習する全世代に強力な影響を与えている。
主な著者に『大学入試問題集　関正生の英語長文ポラリス』（全3冊）、『CD2枚付　大学入試　関正生の英語リスニング　プラチナルール』（ほかシリーズ全4冊）、『大学入試　世界一わかりやすい英文読解の特別講座』『カラー改訂版　世界一わかりやすい英文法の授業』（以上、KADOKAWA）など計120冊以上、累計240万部を突破（一部は韓国・台湾でも翻訳出版中）。また、NHKラジオ講座「基礎英語3」でコラム連載や、英語雑誌『CNN ENGLISH EXPRESS』（朝日出版社）での記事連載、様々なビジネス雑誌・新聞の取材、TV出演など多数。

だいがくにゅうし もんだいしゅう　せきまさ お　えいさくぶん
大学入試問題集　関正生の英作文ポラリス
じ ゆうえいさくぶんへん
［2 自由英作文編］

2020年11月20日　初版発行
2022年10月15日　5版発行

せき　まさ お
著者／関 正生

発行者／青柳 昌行

発行／株式会社KADOKAWA
〒102-8177　東京都千代田区富士見2-13-3
電話 0570-002-301(ナビダイヤル)

印刷所／大日本印刷株式会社

●お問い合わせ
https://www.kadokawa.co.jp/ (「お問い合わせ」へお進みください)
※内容によっては、お答えできない場合があります。
※サポートは日本国内のみとさせていただきます。
※Japanese text only

定価はカバーに表示してあります。

©Masao Seki 2020　Printed in Japan
ISBN 978-4-04-604795-3　C7082

大学入試問題集

関正生の英作文
自由英作文編

ポラリス ✦ POLARIS

2

【別冊】問題編

関正生 著

別冊は、本体にこの表紙を残したまま、ていねいに抜き取ってください。
なお、別冊の抜き取りの際の損傷についてのお取り替えはご遠慮願います。

関正生の

英作文

自由英作文編

ポラリス ✦ POLARIS

2

【別冊】問題編

関正生 著

/ CONTENTS

本文デザイン／浅野悠
DTP組版／株式会社 河源社

CHAPTER

1

最新テーマ [1]
新たなライフスタイル

▶ **攻略のコツ**

大学入試の自由英作文は「受験生に考えてほしい賛否両論あるテーマ」がよく出ます。その中でも特に「学校」に関すること、かつ最新のテーマをここで扱い、対策していきます。今まで問題集で見たことのないテーマでありながら、今後の大学入試で要注意なものばかりです。

▶ CONTENTS

☐ **オンライン授業**
☐ **9月入学制度**
☐ **在宅勤務・リモートワーク**

\本番想定時間/
23 分

次のテーマで100〜150語程度のエッセーを英語で書きなさい。

Online education is becoming a popular choice for many students nowadays. Which do you think is better, to learn in a classroom or to learn at home over the internet? Give reasons for your opinion.

（明治学院大学）

【解答と解説】▶ P.024

＼本番想定時間／
22 分

入学・進学の時期を4月から9月に移行する（changing the start of the school year from April to September）制度である「9月入学」に対して、賛成か、反対か、あなたの立場を明らかにし、その理由と共に100語程度の英語で書きなさい。

（オリジナル問題）

【解答と解説】▶P.034

\本番想定時間/
22分

2020年の「新型コロナウイルス感染拡大」で注目された、「在宅勤務・リモートワーク(work from home)」に対して、賛成か、反対か、あなたの立場を明らかにし、その理由と共に100語程度の英語で書きなさい。

（オリジナル問題）

【解答と解説】▶P.042

CHAPTER
2

最新テーマ[2]
テクノロジー系

▶ **攻略のコツ**

AI・インターネット・SNSなどは、もはや完全に入試定番テーマといえるほど、ものすごい勢いで出題されています。ここで、「AIの影響」「ネットでのいじめ」「自動運転」などの最新テーマに対応していきます。

▶ CONTENTS

- ☐ **AI**
- ☐ **自動運転**
- ☐ **SNS**
- ☐ **歩きスマホ**

As Artificial Intelligence (AI) becomes available, more and more companies will probably try to cut their operating costs by using machines instead of human workers whenever possible. Give your opinion of the influence of AI in our lives and communities in coming years. Write an essay of about 120 words in English.

（静岡大学）

【解答と解説】▶ P.052

最近、自動運転（self-driving cars）が話題です。自動運転車の長所（advantage）と短所（disadvantage）を100語程度の英語で書きなさい。

（島根県立大学）

【解答と解説】▶P.060

本番想定時間
35 分

Write an essay in English agreeing or disagreeing with the topic below. Your essay should be between 150 and 200 words.

The popularity of social media like Facebook, Twitter and LINE increases bullying.

（静岡文化芸術大学）

【解答と解説】▶ P.068

\本番想定時間/
22分

次の質問に対して、少なくとも二つの理由を挙げて英語で具体的に答えなさい。

Do you think it is dangerous to use a smartphone or other electronic devices while walking? Give your reasons.

※目安　100語程度

（電気通信大学）

【解答と解説】▶P.078

CHAPTER

3

注目テーマ
新型コロナウイルス・日常生活

▶ 攻略のコツ

ここでは、我々の生活を激変させた「新型コロナウイルス」のオリジナル問題、長文では超頻出の「環境問題」、そして資格試験・英語ディベートでは実は定番テーマの「防犯カメラ」など、この本の真骨頂とも言えるテーマ選択で、普通の受験生にはできない対策をしていきます。

▶ CONTENTS

- ☐ **新型コロナウイルス**
- ☐ **パンデミック**
- ☐ **ビニール製の買い物袋**
- ☐ **発明品**
- ☐ **防犯カメラ**

本番想定時間
24分

2020年に世界中で感染拡大した「新型コロナウイルス」は我々の生活にどのような変化をもたらしたかについて、あなた自身の考えを100語程度の英語で書きなさい。

（オリジナル問題）

【解答と解説】▶P.086

本番想定時間
20 分

2020年に「新型コロナウイルス」が世界中で感染拡大したが、今後、このような感染症のまん延を防ぐにはどうすればいいのか。あなた自身の考えを70語以上の英語で書きなさい。

（オリジナル問題）

【解答と解説】▶ P.094

次のテーマで100〜150語程度のエッセーを英語で書きなさい。
Should stores stop providing plastic shopping bags? State your opinion clearly and give reasons for it.

（明治学院大学）

【解答と解説】▶ P.101

あなたの身近にあるもののなかで、素晴らしいと思う発明を一つ挙げ、その理由とともに80語以上の英語で説明しなさい。

（中央大学）

【解答と解説】▶ P.109

防犯やテロ対策のために、最近、多くの場所に防犯カメラ(security camera)が設置されるようになりました。一方で、プライバシーの観点から、防犯カメラを増やすことに反対する人もいます。あなたは、防犯カメラの増設に賛成ですか、反対ですか。理由をあげて60〜80語の英語で記しなさい。

（名古屋工業大学）

【解答と解説】▶P.115

CHAPTER
4

定番テーマ［1］
教育・語学系

▶ **攻略のコツ**

よく「外国人に質問されて初めて日本のことを考えた」という声を聞きますが、大学の先生からすれば「それくらいは受験対策中にしておいてね」と言わんばかりに、日本紹介、ことわざの説明が自由英作文で出ます。英語で紹介するにはどちらもコツが必要なので、その対策をしていきます。

▶ **CONTENTS**

- ☐ 日本について
- ☐ ことわざ
- ☐ 外国語
- ☐ 留学
- ☐ 留学生活

Imagine that you are going to go on a trip to England on a student exchange program. You will give a short talk about your country. Write a speech for people from England that tells them some interesting or unique points about the culture or customs of your country. Write about 100 words in English. The first sentence of the speech is given for you on the answer sheet.

・以下のすでにある部分、およびピリオドやコンマなどの句読点は語数に含めません。

Today, I'd like to talk about my country.

(＿＿＿＿＿＿＿＿＿＿＿＿＿＿＿＿＿＿＿＿＿＿)

（新潟大学）

【解答と解説】▶P.122

Choose one of the proverbs below. Write approximately 50 words in English to explain what it means and discuss whether the idea is still important in modern Japanese society.

1. Actions speak louder than words.
2. Do not cry over spilt milk.
3. Strike while the iron is hot.
4. The early bird catches the worm.

（京都府立大学）

※実際の試験では1つを選ぶわけですが、「ことわざ」の作文対策をしておきたい人は4つともトライしてみてください。4つすべてに解答例を1つずつ用意してあります。

【解答と解説】▶P.130

本番想定時間
18 分

If you are to study a foreign language other than English, which language would you like to choose? State your choice and explain your reason(s) within 60−80 words. Write your answer in English.

（名古屋工業大学）

【解答と解説】▶P.140

以下のトピックについて、50語以上70語以内の英文で答えなさい。

The Japanese government now encourages students to study abroad. Discuss the advantages and disadvantages of studying abroad.

（獨協大学）

【解答と解説】▶P.146

\本番想定時間/
14分

Imagine that you are a student named Andy. You got the e-mail below from your classmate and good friend, Sandy. Reply to Sandy in around 40 words in English. Include information about a homework assignment given in geography class.

Hi, Andy
I had a bad cold and stayed in bed and slept all day today. I'm feeling a lot better now. Was there any homework in any class? I hope we can meet for lunch tomorrow as always!
Sandy

（滋賀県立大学）

【解答と解説】▶P.152

CHAPTER
5
—

定番テーマ [2]
自己分析系

▶ **攻略のコツ**

「自分について語れるか」という、まるで面接試験のようなテーマが出ます。決して、エピソードだけに終始することのないようにしてください。また、大げさなことを書く必要もありません。どのくらい「肩の力を抜けばいいのか」も解説していきます。

▶ **CONTENTS**

次の質問に対する答えを、50語程度の英文で解答欄に記入しなさい。

Describe one of the happiest moments of your life.

（北星学園大学）

【解答と解説】▶ P.160

次の英文を読んで、あなた自身の考えを英語で書きなさい。その際、具体的な理由や例なども挙げつつ論じなさい。

※目安　100〜150語程度

In your opinion, what are the three most important qualities of a friend? Explain why each of these characteristics is essential to your definition of a friend.

(宮崎大学)

【解答と解説】▶P.166

次の設問について、50語程度の英文を書きなさい。

Choose a foreign city that you would like to visit anywhere in the world, and explain why you would like to visit that city.

（青山学院大学）

【解答と解説】▶P.173

Write an essay in English about the following question. (about 100 words)

What do you hope to do in your university life besides study?

（兵庫県立大学）

【解答と解説】▶P.179

CHAPTER

6

さまざまな形式の問題

▶ 攻略のコツ

イラスト・グラフ・会話・悩み
相談などの対策をしていきます。
それぞれ、攻略のコツをつかむ
ことで、より質の高い答案を作
ることができますよ。本書も最
後のChapterです。あともう少
し、がんばっていきましょう！

▶ CONTENTS

Look at the picture. Write a story based on the scene in two or three English sentences.

（島根大学）

【解答と解説】▶ P.186

本番想定時間
20 分

以下の設問を読んで英語で答えよ。

Read the situation below. Then write some suggestions (in English) on how Anna should solve this problem.

※目安　50〜100語程度

Anna

I live in an apartment building. My problem is my neighbor. He loves loud music and always plays it late at night. Usually, he practices his drums until midnight. It's so noisy! Then, he turns on his radio and listens to rock-and-roll music until 3 a.m. The noise is terrible! I can't study. I can't sleep. What should I do?

（鳥取大学）

【解答と解説】▶P.191

本番想定時間
12分

　次は、二人の大学生が大学のキャンパスで出会って交わした会話です。下線部(1)に5〜10語の英語を、下線部(2)および(3)にそれぞれ10〜15語の英語を入れて、会話を完成させなさい。各下線部に入れる英文の数は限定しない。ただし、句読点は字数に入れず、isn't などの短縮形は1語と見なす。

A:　Hi, I haven't seen you for a while. How are you doing?

B:　Fine, thank you. And you?

A:　Can't complain. How about your college life?

B:　_____(1)_____

A:　By the way, you look very happy. What's new?

B:　_____(2)_____

A:　Really? Why are you so lucky?

B:　_____(3)_____

A:　I can't believe it.

（大阪府立大学）

【解答と解説】▶ P.198

本番想定時間
25 分

All answers must be written in English in the spaces provided on the ANSWER SHEET.

※解答欄省略

Examine the graph below and follow the directions.

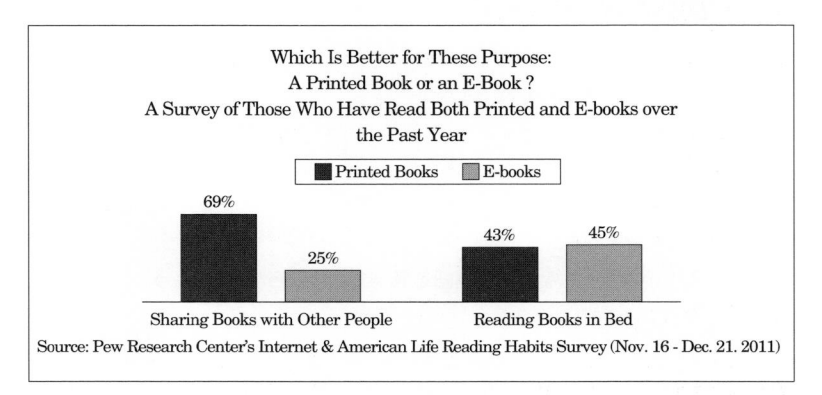

Which Is Better for These Purpose:
A Printed Book or an E-Book ?
A Survey of Those Who Have Read Both Printed and E-books over
the Past Year

■ Printed Books   ▨ E-books

69%
25%
43%   45%

Sharing Books with Other People   Reading Books in Bed

Source: Pew Research Center's Internet & American Life Reading Habits Survey (Nov. 16 - Dec. 21. 2011)

1 In ONE sentence, describe what the graph says about sharing books with other people.

2 In ONE sentence, describe what the graph says about reading books in bed.

3 Do you prefer printed books or e-books? In a paragraph, explain your answer giving at least two specific reasons.

※3の目安　80〜100語程度

（早稲田大学）

【解答と解説】▶ P.203

\本番想定時間/
20 分

次の会話は、英語学習について悩んでいる男子生徒と、その相談を受けた英語教師との会話である。生徒がどのような悩みを持っているか、生徒の英語学習のどこが間違っていたのか、教師はどのようなアドバイスをしたか、の三つの内容を盛り込んだ形で、この会話の要点を50〜60語の英語で述べよ。

生徒：先生、いくら練習しても英語の聴き取りがうまくできるようにならないんですけど、どうすればいいでしょうか？

先生：どうすればいいと言われても、やっぱり地道に勉強するしかないよね。自分ではどんな勉強をしているの？

生徒：ケーブル・テレビやインターネットで英語のニュースを見たり聴いたりしてはいるんですけど……。

先生：え？ いきなりそんな難しい英語を聴いても分からないでしょう。

生徒：分からないです。まったく。

先生：そりゃ駄目だよ。意味の分からないものをいくら聴いたって、雑音を聴いているのと同じだからね。聴いて、ある程度中身が理解できるくらいの教材を選ばないと。

生徒：とにかくたくさん英語を聴けばいいんだと思っていました。そうか、そこが間違っていたんですね。

先生：そう。それに、聴き取りが苦手といったって、英語の音声に慣れていないことだけが問題じゃないんだ。語彙を知らなかったり、知っていても間違った発音で覚えていたり、あるいは構文が取れなかったりしている場合のほうが多いわけだよ。内容を理解する力も必要になってくるしね。毎日やさしめの英文の聴き取りをやって、それと同時に、内容的に関連する読み物を、辞書を引きながら丁寧に読んでごらん。そういう総合的な勉強をすれば、聴き取りの力も伸びると思うよ。

生徒：はい、わかりました。

（東京大学）

【解答と解説】▶ P.214

memo

memo

memo